La Jornada Hacia el Futuro:

Un Mapa hacia el Éxito para la Juventud

Consuelo Castillo Kickbusch

Teniente Coronel, La Fuerza Armada de Estados Unidos [Jubilada]

Traducido al Español por:
Rosemary Flores

 Liberty Publishing Group
Durham, NC

Información del Catálogo de Publicaciones del Publicista

Kickbusch, Consuelo Castillo
    La Jornada Hacia el Futuro: Un Mapa para el Éxito de la Juventud / Consuelo Castillo Kickbusch
    p. cm.

ISBN: 978-1-893095-47-2

Número de Control de la Biblioteca del Congreso: 2007926275

10 9 8 7 6 5

Dedicación

Primeramente, le dedico este libro a la hija a quien le fallé comprender. Traté, pero la vida nos dio esas experiencias que no esperábamos y las cuales crearon eternamente un gran dolor y una gran tristeza.

Yo decidí criarla y a sus hermanas con reglas. Para mí, el amor tiene condiciones. No es fácil admitirme yo misma y admitirles a otras personas que mientras he ayudado a miles de jóvenes en pensar positivamente y a que cambien sus vidas por algo mejor, siento que fallé en poder conectarme con una jovencita, mi hija.

Ella está bien y está haciendo lo que cree que es lo mejor para ella. La he extrañado todos los días. Decidí darle la oportunidad de vivir con su nueva familia sin mucha interferencia MIA. Siempre me preguntaré si hice la decisión correcta. Mi meta es de apoyarla cuando me llame o me necesite.

Alicia, todavía soy tu mamá y siempre te amaré. La familia con la cual viviste una vez, te extraña muchísimo. Te felicito en haberte graduado de la Preparatoria y de haber recibido tu beca para asistir a la Universidad por cuatro años. Amo tu espíritu y profundamente siento dentro de mi corazón que tú siempre serás lo que yo afectuosamente nombro, mi "Corazón Tierno". Comienza a hacer tu propia historia y sé una líder. Estoy muy orgullosa de ti.

Siempre con amor,
Tu mamá

Contenido

La Declaración de la Independencia (escrito) • El discurso famoso de Patrick Henry "Dame Libertad" en Marzo 1775 (escrito) • El discurso de Lincoln en Gettysburg (escrito) • El discurso del Presidente Franklin Delano Roosevelt "Libertad Humana" (escrito) • El discurso del Presidente Woodrow Wilson "Génesis de América" (escrito) • El discurso de inauguración en 1961 del Presidente John F Kennedy (escrito) El discurso del Dr. Martin Luther King Jr. "Yo Tengo un Sueño" (escrito)

Reconocimientos

¿Cómo puedo agradecer a miles de jóvenes quienes gentilmente escucharon mi mensaje? Es importante saber que fueron la inspiración inicial para este libro. *Gracias por recordarme al visitar escuela tras escuela que yo necesitaba escribir mis pensamientos para que se compartieran con futuras generaciones.*

Quiero agradecerle a mi esposo, David, y a mis hijas – Kenitha Calisa, Alicia Carmelina, Consuelo Panthel, y las gemelas Delilah y Dolores - por su increíble ánimo y apoyo. A mis hermanos y hermanas y a mis primeros lideres, mis padres, gracias por quererme siempre. Gracias a la Dra. Nora Comstock y la Dra. Consuelo Ramirez quienes valientemente me ayudaron con mi comienzo.

Mi más sincero agradecimiento a Yolanda Uranga quien me ayudó a empezar el libro y a Pat Medina quien durante los últimos minutos estuvo dispuesta a editar y terminar mis últimas palabras, gracias desde el fondo de mi corazón.

A Bil y a Cher Holton, nuestros campeones publicitarios, gracias por haber viajado a mí barrio y en ayudarme a cumplir este sueño. Estoy muy agradecida en haber conocido a uno de los artistas Latinos más talentosos, Ernesto Cuevas, quien gentilmente aceptó diseñar la portada de mi libro. Mi sincero agradecimiento a Matthew Russell por ser un ángel e inversionista comprándome las primeras copias de mi libro.

Para todos los maestros, administradores y personal quienes trabajan diariamente dentro de las vidas de nuestra juventud y quienes en mi opinión son los héroes silenciosos de nuestro país, gracias por invitarme a sus escuelas. ¿Quién se hubiera imaginado que juntos tocaríamos las vidas de un millón de niños y jóvenes? Para la fuerza Armada, gracias por haber formado mi vida y por haberme enseñado ser una líder.

Muchas Gracias y muchas bendiciones.

Nota para el Lector de parte de los Publicistas

Fue nuestro gran placer y nuestro privilegio acompañar a la autora en junio del 2003 en un viaje de San Antonio a visitar su barrio de niña en Laredo, Texas. El propósito de nuestro viaje fue para poder experimentar el ambiente del cual vino la autora como una niña México-americana cuando creció viviendo en un pueblo fronterizo.

Aunque ha habido un mejoramiento modesto, el "Rincón del Diablo," el barrio con dicho nombre cuando la autora era pequeña, todavía se encuentra en la misma condición socio-económica como lo era hace 25 años. Mientras que visitamos el área con la autora y su personal, nos impresionamos por su pasión hacia su trabajo, su tremendo ánimo y su determinación para salvar a la gente joven en América, y su respeto y reverencia por su herencia.

Durante nuestra visita, improvisadamente llegamos a un centro de rehabilitación de alcohol y drogas que se encontraba situada cerca de la "última calle de América". Miramos con admiración cuando la autora hizo ministerio ante los hombres jovencitos quienes estaban asignados allí – y la palabra "ministerio" es la palabra más apropiada. La autora habló con esos jóvenes así como la Madre Teresa hubiera hablado con ellos. Y esto no es una exageración.

En todos nuestros años de ser publicistas, nunca habíamos sido tan profundamente conmovidos por otros autores. Fuimos testigos de su habilidad tan extraordinaria de poder conectarse sicológicamente, emocionalmente y espiritualmente con hombres jóvenes quienes la sociedad tan pronto los hubiera echado a un lado. No tenemos duda que ese día ella les cambió la vida – nosotros estábamos presentes, nosotros vimos como tanto los jóvenes como los consejeros estaban hipnotizados.

Si Consuelo Castillo Kickbusch es una indicación del tipo de alma que tiene un corazón iluminado quien puede venir de un barrio empo-brecido, entonces América tiene la oportunidad de palmar la riqueza de su diversidad y vivir de acuerdo a los principios fundados.

América es afortunada de verdad, de haber producido un individuo con dicha capacidad como Consuelo. Los niños de América tienen suerte de tenerla también. Y nosotros sentimos un privilegio en publicar este libro extraordinario, lo cual es una extensión literaria de su ministerio en la vida real hacia los niños escolares por toda América.

~ Bil & Cher Holton, (Editores)

¿Por Qué Este Libro?

El deseo de una madre que siente que va a morir

Mi vida era una buena vida para una mujer en sus cuarentas, con una profesión exitosa, una familia maravillosa con buenas hijas, un súper marido con un hogar precioso y un futuro brillante. ¿Así es que, para qué cambiar mi vida tan drásticamente? El momento para este cambio tan drástico sucedió en noviembre de 1995. Las palabras eran tan claras entonces como lo fueron cuando mi madre me las dijo en 1987. El trabajo de mi vida es el resultado del deseo de una madre moribunda. Sucedió así:

Fue hacia fines de noviembre de 1987 y yo ya iba a la mitad del programa de mi maestría en la Universidad Estatal de San José en San José, California. Estaba estudiando Cibernética, una disciplina basada en la interacción entre el hombre y la máquina. Me estaba enfocando en la disciplina de cómo los sistemas y el pensar de sistemas se aplican a la vida diaria. Me estaba preparando para servir en la Fuerza Armada de Estados Unidos como una Científica de Sistemas. Ellos pagaron por mi educación porque creían que yo tenía el potencial de superarme como oficial de la Fuerza Armada.

Para decirte la verdad, me gustaba mucho la Fuerza Armada. Me había dado la capacidad de tener mi sueño Americano, de poder salir con éxito a pesar de mis, según, desventajas: ser de la clase minoritaria, ser mujer con antecedentes de pobreza, con una deficiencia del lenguaje y otros retos más. Yo estaba preparada a que la Fuerza Armada fuera mi única profesión. Había sido lo mejor que había escogido, y no veía la necesidad de comenzar otra carrera de la que sabía muy poco. Todo esto cambió con la visita de mi madre en noviembre de 1987.

Ella llegó antes de mi graduación y esta acción era fuera de carácter de mi madre. Así es que le pregunté por qué había llegado mucho antes para verme. Me mencionó que el tiempo se estaba acabando, y que necesitaba verme antes de que muriera. Al principio pensé, aquí vamos otra vez con otra de las historias de mamá que ya se va a morir. Parecía que tenía una mamá que se estaba muriendo cada semana. Así es que al principio me puse a bromear con ella preguntándole qué era lo que la estaba matando esta vez. Ella permaneció muy seria y me dijo calmadamente, "Consuelo el tiempo ha llegado para que me reúna con Dios. No te preocupes. *Mi hija*, cuando has servido a Dios de acuerdo a su deseo, entonces cualquier día es un buen día para morir. No tengo miedo de irme de este mundo. Sin embargo, tengo miedo de lo que tú vas a llegar a ser, así es que he tomado esta oportunidad para hablar contigo sobre mi deseo antes de que muera."

Yo sentí que mi corazón me dolía y mis ojos se estaban llenando de lágrimas. Tiernamente me miró y me dijo, "No

llores. Necesito que seas fuerte y que me escuches porque tengo algo muy importante que compartir contigo. Vamos a caminar."

Me salí de mi casa y la acompañé en la banqueta, caminando juntas. Entonces, ella me detuvo y me pidió que hiciera algo fuera de lo usual. Me dijo, "quítate los zapatos y camina descalza así como lo hacías cuando de niña crecías pobre."

Sentí que lo que me pedía era algo raro y definitivamente algo incómodo, especialmente porque las plantas de mis pies estaban muy suavecitas. Como adulta, yo ya estaba acostumbrada a calzar zapatos. Pero, respeté lo que me pidió y mientras me encontraba tambaleando tratando de que las plantas de mis pies estuvieran firmes en el suelo, ella comenzó a decirme lo que deseaba antes de morir. Ella me dijo que perdí mi paso al pisar porque olvidé quien era. Ahora que yo ya vivía una mejor vida, le parecía que estaba tomando la vida muy casualmente, y en sus propias palabras, "parecía como que tenía muy poca consideración hacia otros."

Me preguntó algo que al principio me pareció ridículo. Me preguntó que si yo creía que era una líder. ¡Yo tenía una pared llena de decoraciones y reconocimientos, y aún así, mi madre se atrevió a hacerme dicha pregunta! Yo le respondí un poco sarcástica, "Claro que sí, Mamá, soy una líder. ¿Qué no vio mi pared llena de decoraciones y certificados? Debe estar de acuerdo que he logrado bastante. Usted sabe cómo ha sido mi vida desde que nací y fui criada en el *barrio* en Laredo, Texas."

Ella respondió, "Sí. Yo sé lo duro que has trabajado para lograr y convertirte en una persona exitosa. Pero ante mis ojos, todavía te falta alcanzar ser líder entre los líderes."

Ella hablaba sobre ser una líder servicial, un concepto que no entendía en ese tiempo. Su definición sobre el liderazgo servicial era el pasarle a otras personas lo que uno ya había aprendido, y de sentir un gran orgullo al ver a otros salir con éxito aunque lo sobrepasen a uno. Ella decía que el ser un líder servicial era compartir el liderazgo en donde uno acepta que lo

que uno hace no se trata nunca de uno, sino que se trata de la gente que uno sirve. Ella siguió diciéndome que mientras había logrado mucho, mi jornada apenas iba comenzando. Ella quería que le prometiera antes de que muriera, que cuando el día llegara, yo regresaría a mi lugar de origen y sería un ejemplo para niños y familias. Me indicó que iba a ser guiada espiritualmente. Ella se sentía muy triste hacia las situaciones en que los jóvenes se encontraban, y ella creía en su corazón que yo tenía el mensaje de inspiración y de esperanza para la juventud. Ella me rogó diciéndome que hoy en día los niños sentían dolor en nuestra sociedad, y que básicamente los niños eran buenos y maravillosos. Ella consideraba que los niños de hoy se sentían solos y confundidos. Ella quería que yo estuviera allí para los niños y sus familias. Ella quería que yo trabajara con maestros y con agencias abogando por los niños.

Yo sabía que lo que me pedía estaba muy lejos de mi ruta profesional, y yo no comprendía por qué mi madre me quería dejar con esta carga de gran labor. ¿Yo, motivar a los niños y ayudarles? Yo le pregunté a mi madre cómo ella me veía a mí tratando de alcanzar a los jóvenes.

Ella me contestó diciéndome, "No te preocupes. Sólo ten confianza que Dios te va a guiar, y tu estarás bien.

Seguimos caminando y finalmente nos dimos la vuelta y regresamos a casa. Mi madre se fue días después, y dentro de dos semanas, ella falleció repentinamente después de una sencilla intervención quirúrgica. Ella de alguna manera sabía que iba a morir. Y *ahora*, yo sabía lo que tenía que hacer. Solo que me preocupaba el dilema de ver cuando tenía que hacerlo. Sintiéndome sin la autorización de ayudar a los jóvenes, permanecí con la Fuerza Armada por nueve años más.

En 1995, recibí la llamada que todo oficial que está formando su profesión espera. Recibí la noticia que había alcanzado la lista del comandante. Hablé con un oficial de alto rango que me felicitó por haber sido elegida y básicamente me dijo que tenía una gran oportunidad de competir en el paso final para llegar a ser coronel, y que me ponía en una posición para llegar a ser General. Es el sueño de cada oficial de poder retirarse como general. Fue durante este momento crítico cuando las palabras de mi madre regresaron. Con una calma que hasta hoy no puedo explicar, pedí que me retiraran de la Fuerza Armada de Estados Unidos.

Ya te puedes imaginar que tan confundidos y perplejos se quedaron los de la Armada con mi decisión. La decisión de retirarme de la oportunidad más grande que se me ofrecía en mi carrera dentro de la Fuerza Armada. ¿Para hacer qué? Le dije a los de la Fuerza Armada que seguiría dándole servicio al país solo que esta vez estaría preparando los líderes de mañana – nuestros niños. La Fuerza Armada me otorgó mi deseo de retirarme y en Febrero de 1996, comencé a cumplir el deseo de mi madre – de alcanzar a la juventud.

Al escribir este libro, me doy cuenta que han sido siete años desde que comencé mi jornada. He podido alcanzar más de un millón de jóvenes en Estados Unidos y en México. Este libro es sobre lo que yo he aprendido sobre la juventud porque los jóvenes me han educado a mí también. Voy a estar compartiendo sus historias junto con la mía. Lector joven, también voy a compartir contigo la oportunidad de que tomes esta jornada junto conmigo mientras lees el libro. Te doy las gracias por tomar este paso de leer este sincero libro que habla sobre la vida y las decisiones de la vida y que estás conduciéndote hacia tu destino siguiendo un mapa de caminos hacia tu éxito.

Yo pido y tengo la esperanza que este libro te sirva de compañía de bienestar, motivación, inspiración, y de sabiduría. Está escrito con las mejores intenciones para que te sirva a ti, como lector joven. Te ofrezco en este libro lo que creo que es una realidad a lo que está sucediendo en el mundo en donde la juventud tiene que vivir, trabajar, ir a la escuela, encontrar felicidad y hacer sus propias contribuciones. Gracias por ayudarle a una hija poder hacer realidad el deseo de una madre que estaba por morir. Ustedes son los beneficiarios de ese deseo. Creo que ahora ella mira desde el cielo con una sonrisa angelical en su rostro.

Introducción

¿Cuáles son las reglas del juego de la vida? ¿Por qué el mundo parece ser tan injusto? ¿Qué puedo yo hacer para hacer mejores decisiones? ¿Qué es lo que yo debo hacer con mi vida? ¿Por qué nací? ¿Quién soy? ¿Cómo puedo usar los talentos y las habilidades que la gente me dice que tengo y hacer algo de mi vida? ¿Por qué algunas personas son más exitosas que otras?

Yo he pensado en todas estas preguntas en diferentes etapas de mi vida, de adolescente, de una joven adulta y de adulta. De verdad que hubiera ahorrado mucho tiempo y hubiera evitado problemas si hubiera habido algo que hubiera podido leer para ayudarme con mi mapa de caminos hacia mi éxito. La vida es una jornada, así es que ¿por qué no vemos mas anuncios en nuestro camino, especialmente para la gente joven?

El libro que hoy tienes en mano es una respuesta a esa pregunta. Lo he escrito para ayudarle a la juventud específicamente, pero también para ayudarles en general a los maestros y a los padres. Este es el libro que hubiera deseado que alguien me hubiera dado cuando yo tenía 16 años para así haber podido tener una ventaja con mi éxito en mi vida. Este libro describe los valores principales que debemos tener para vivir

14

una vida feliz, saludable y exitosa. Explica cómo nuestra vida se construye alrededor de las decisiones que tomamos y cómo las decisiones determinan nuestro éxito y nuestro fracaso en la vida.

Una de las decisiones importantes que vas a tomar es el decidir si vas a leer este libro o no. Yo misma me pregunto si yo leería este libro si tuviera 16 años. ¿Lo hubiera comenzado a leer? ¿Hubiera leído las primeras 20 o 30 páginas y luego decidir no seguir leyendo? ¿Hubiera recogido el libro y hojearlo unas cuantas veces antes de decidir que "YO" no valía el esfuerzo? Sabiendo el tipo de adolescente que era, existe el 50% de que tal vez esto hubiera ocurrido. Me gustaría pensar que yo me hubiera importado a mi misma, lo suficiente para leer el libro.

Te voy a pedir que seas más inteligente y más astuto. Toma un riesgo en tu propio desarrollo y crecimiento tomando un riesgo con este libro. Léelo desde el principio hasta el final. Toma notas y escríbelas al margen del libro. Subraya episodios significativos. Platica con tus amistades. Habla con maestros. Pregúntales a tu mamá y a tu papa por sus perspectivas. Enséñales este libro a otras personas y habla sobre puntos clarividentes. Permite que las historias, los ejemplos y las sugerencias de la vida real dentro de este libro te ayuden a hacer mejores decisiones que enriquecerán tu vida.

Espero que algo que leas te ayude a ver cómo trabaja el mundo, y qué tan especial eres, para que puedas encontrar tu lugar dentro de este mundo, mucho más rápido y mucho más feliz porque te necesitamos. A mí me tomó años poder encontrar mi lugar. Yo crecí en mi pequeño pueblo en Laredo, Texas en donde nunca me imaginaba tener la vida que hoy tengo. Era difícil de soñar en esos días. Yo vivía con mis siete hermanos, dos hermanas, mi madre y mi padre en el lugar que se conocía como, El Rincón del Diablo. Era el lugar del cual advertían a los turistas que visitaban la ciudad fronteriza. Pero mi *barrio* me sostuvo en muchas maneras que hoy he llegado a agradecer. Mientras que la vida me ha proveído con muchas lecciones,

15

vivir en mi barrio me dio los valores y tradiciones más básicos y ahora reconozco que se formaron en un armazón para poder salir con éxito en la vida.

Debemos creer en nosotros mismos. Debemos sentir que vamos a estar bien pase lo que pase. Ahora sé que yo carecía de la habilidad de ser mi propia campeona. Un mentor, una madre o un padre que lo apoya a uno, una maestra o maestro que se preocupa por uno, todos ellos son un tesoro que debemos apreciar. No desperdicies la oportunidad de aprender de ellos. Te recomiendo que cultives, aceptes, y aprecies a estos individuos.

Este libro te aconseja a que selecciones los mensajes que recibes sobre ser un joven chico o una joven chica, y de llegar a ser un hombre o una mujer. Te aconseja a que quites de tu mente lo que tú crees que no eres, encuéntrate a ti mismo, y lo más importante, sé feliz con quien eres. La vida tiene sus sorpresas, sus desilusiones, y sus oportunidades perdidas, pero también tiene sus tiempos espectaculares, logros premiados y sus alegrías.

Estima la vida. Acepta su bondad. Firmemente creo que si tomaras un inventario personal, te darías cuenta que tienes mucho mas que agradecer que lo que piensas. Tú estás vivo y estás leyendo este libro. Lo he escrito para ti. Lo he escrito para darte un mejor comienzo de lo que yo tuve. El buscar respuestas por medio de discusiones hablando sobre quienes somos y qué es lo que queremos hacer, es un armazón o una estructura de una persona madura y segura. En este libro, mi meta es que la juventud haga sus planes con tiempo. ¿Si yo tuviera que vivir mi vida de nuevo, qué hubiera querido saber hace 25-30 años atrás?

Reconozco que estás creciendo en un mundo muy diferente al que yo experimenté. Ahora vivimos en el siglo 21. La economía, los trabajos, la tecnología, las escuelas, las familias, el servicio militar y las instituciones religiosas han sobrepasado cambios catastróficos. En esta época después del 911, América ya no es la misma América. En medio de todo este cambio desconcertado, hay una cosa que no ha cambiado, los valores

principales de personas felices y sumamente exitosas. Yo quiero que tú heredes esos valores principales. Esos son los valores que te van a sostener, proteger y guiar durante toda tu vida, sin importar en qué circunstancias te encuentres ni qué retos enfrentes.

Los valores principales que mencionaré, no solo te van a ayudar a alcanzar la vida que tú quieras, sino que también te va a ayudar a ser una buena persona. Los valores son tanto tus "velas" como tus "anclas" que mantiene el buque de vela balanceado. Te llevarán ligeramente hacia tus sueños y serán una fuente de estabilidad durante el tiempo de mortificaciones, tribulaciones y tormentas.

Durante mis propias mortificaciones y tribulaciones, he llegado a creer que existe un conjunto especial de valores principales que determinan nuestro éxito o nuestro fracaso en la vida. Para darle estructura a este libro, voy a platicarles sobre estos valores principales. Yo creo que estos valores son la base de quienes somos y en las personas en las cuales nos convertimos mientras vivimos el transcurso de la vida. He nombrado un capítulo para cada valor para organizar y simplificar la lectura. Aunque cada capítulo se puede leer independientemente, hay ciertos enlaces y resúmenes de las historias que pueden perderse al menos que leas los capítulos en el orden que se encuentran. Sin embargo, tu puedes comenzar en donde tú quieras sabiendo que cada capítulo va a cumplir con su propósito. Los capítulos en el orden que aparecen son los siguientes: Identidad; Actitud; Humildad y Compasión; Gratitud; Honestidad e Integridad; Motivación y Seguridad; Ética y Moralidad; Honradez y Respeto; Responsabilidad; Ética de trabajo; Auto-Disciplina; Creatividad; Fe y Espiritualidad; Carácter; y Deber, Honor y Patria.

Te invito a que pases tiempo de calidad con este libro. Rehúsa ser negligente con tu crecimiento y tu desarrollo. Visita cada uno de estos capítulos con la idea de que vas a aprender algo de ti mismo, y también algo sobre la vida. Lee con una

mente abierta y con un corazón dispuesto. Ten el valor de seguir las recomendaciones y acciones que sugiero a través del libro. ¡No lo hagas por mí, hazlo por ti!

Hay algo que quiero que recuerdes mientras lees este libro. Es el consejo que mis padres me daban cuando dudaba de mis habilidades o cuando me decían que no podía lograr algo que significaba mucho para mí. Siempre que usaba las palabras "No puedo", mis padres me preguntaban "*¿Por qué no?*" Así es que yo también te doy este consejo. La siguiente vez que escuches a alguien que te diga, "¡No puedes!" o si tu mismo usas esa expresión hacia ti mismo para evitar tomar riesgos o para poner a prueba tus propias habilidades, pregúntate. "*¿Por qué no?*

¿Vas a tomar a pecho estas lecciones del libro? *¿Por qué no?* ¿Puedes ser todo lo que el destino tiene para ti? *¿Por qué no?* ¿Vas a ser un buen ejemplo para otros? *¿Por qué no?* ¿Puedes mantener una actitud positiva y una ética de trabajo firme? *¿Por qué no?* ¿Vas a practicar auto-disciplina y usar tu creatividad? *¿Por qué no?* ¿Aunque tal vez quieras obtener más cosas, agradeces lo que ya tienes? *¿Por qué no?* ¿Estás dispuesto a invertir en ti mismo y de alcanzar tus sueños? *¿Por qué no?* ¿Le darás a una teniente coronela que ya esta jubilada la oportunidad de hacer una diferencia en tu vida? *¿Por qué no?*

Por medio de un montaje de historias, experiencias personales, hechos, inspiración y humor, este libro te ayudará a descubrir y apreciar tu propia individualidad. Si yo te puedo ayudar a hacer éso, entonces yo me sentiré que he honrado la memoria de mis padres y que te he puesto en una posición de alcanzar un éxito extraordinario en la vida. Escríbeme una nota o mándame un correo electrónico. Me encantaría escuchar de ti.

La trayectoria de una acción correcta y harmoniosa siempre se encuentra en nosotros siempre y cuando estemos en contacto con nosotros mismos.

(Gayle High Pine)

No podemos darnos el lujo pensar en quienes se nos están adelantando y por qué no se lo merecen. El deseo de querer ser mejor que otra persona puede ahorcar el simple deseo de ser uno mismo.

(Julia Cameron)

Recuerda que la vida es un trabajo en progreso y tu eres un humano en entrenamiento.

(Dan Millman)

Capítulo 1
Identidad

Insiste en ser tú mismo.
Nunca te hagas menos.

Una gran parte de tener una estrategia para manejar nuestras vidas es de saber quienes somos y cómo nos sentimos sobre algunas dimensiones importantes de vivir. Voy a comenzar diciéndote el tema para este capítulo. ¡No puedes saber hacia a dónde vas hasta que sepas quien eres! Ésta declaración es tan cierta hoy como lo fue hace 50,000 años. El reto es que cada uno de nosotros lo descubramos y luego expresar nuestra originalidad especial, una originalidad que nos ha dado nuestro Dios.

Significa tener que entender quienes somos - y quienes no somos. Nuestra responsabilidad principal en la vida, es crecer como la persona que intentamos ser. Es crítico expresar nuestra originalidad para nuestro propio éxito porque hace que nuestra jornada de la vida sea auténtica y justifica las contribuciones que intentamos hacer. Sino, pasaremos la vida sin timones de dirección, lanzados a la deriva en el mar de la vida, llevado por la corriente del miedo, de duda, de coraje, de culpabilidad y de desesperanza.

Nuestra identidad individual es el cimiento de nuestro ser. Hemos sido creados por Dios y tiene un propósito para nosotros. En la manera en que expresamos nuestra identidad individual esa es la declaración fundamental de quienes somos. Acuérdate, no podemos saber a donde vamos hasta que sepamos quienes somos. Así es que es importante de nutrir nuestro carácter y ser quienes somos.

Al creador de "La Cámara Escondida - Candid Camera," Allen Funt, le fascinaba ver a las personas ser ellos mismos. A el le gustaba aprender particularmente de los niños. El decía, "Los niños son preciosos, son muy originales, muy independientes. Son todo lo que uno desearía que fueran los adultos. Pero constantemente los adultos tienen pensamientos firmes, son conformistas y sujetos a caer bajo la presión del grupo. Se están retirando del individualismo y moviéndose hacia la multitud."

Para comprobar su punto de vista, Funt pone en contraste a dos recortes de un episodio de "Cámara Escondida – Candid Camera". En uno de los recortes se ve un señor subiendo la escalera mecánica que va de bajada. Lo sigue otro señor que también sube las escaleras que van de bajada. Unos momentos después, los sigue una dama que hace lo mismo. Pocos momentos después, varias personas descuidadamente y sin pensar siguen lo mismo.

El segundo recorte captura el comportamiento de los niños. Voy a dejar que Allen Funt diga la historia. "Un niño camina hacia una caja grande y vacía. Cuidadosamente la inspecciona. Decide que es una fortaleza. Se mete dentro de la caja y comienza a dispararle a enemigos imaginarios. Una niña se le acerca a la caja que el niño anterior está abandonando. Ella decide que es una casa y se mete a jugar como si fuera una adulta. Un tercer niño ve el juego de la niña anterior y se aproxima a la misma caja. Pero, él decide que es una montaña

rusa y alegremente se resbala en una inclinación que se encuentra cerca..."

Así como se demuestran en éstos recortes, muchos adultos no toman ventaja de oportunidades para expresar su verdadera identidad natural. Los niños absolutamente no tienen dificultad en hacerlo. Es nuestro derecho poder expresar nuestra individualidad y originalidad. Entre más pronto nos permitimos cultivar nuestra personalidad, mejor.

Muchos de nosotros seguimos ideas que se nos han forzado por medio de personas y organizaciones con buenas intenciones pero que no han tomado el tiempo de conocernos o entendernos. Queremos ser aceptados y amados. Así es que creemos que tenemos que cambiar quienes somos para tener la imagen según las expectativas que tienen otras personas de nosotros. Decimos cosas así como: "En cuanto pierda este peso, entonces podré tener éxito." "En cuanto se me quiten mis espinillas, entonces podré tener un novio o novia perfecta." "Si les compro cositas a mis amistades, entonces pasarán más tiempo conmigo." "Si tomo drogas y bebo con mis amistades, entonces me respetarán y me cuidarán."

En lugar de esforzarse para ajustarse a las ideas preconcebidas de otros que quieren dictar quienes debemos ser o de que manera debemos de vernos, podemos escoger apreciarnos nosotros mismos ahora mismo. Podemos celebrar nuestra originalidad, nuestro peso especial, nuestra estatura, nuestro color de cabello, y nuestra propia etnología.

La historia de Robert Schuller sobre el sartén de diez pulgadas nos recuerda de una de las razones principales por qué las personas fallan en expresar su originalidad. Si no has escuchado esta historia, te vas a divertir. Si ya la escuchaste, vale la pena repetirla.

Un turista caminaba por el malecón mientras veía a un pescador sacar con su caña de pescar a un pez grande, lo midió, y lo volvió a tirar al agua. Luego sacó un pez más pequeño y se quedó con el poniéndolo en una cubeta. El turista se quedó mirándolo mientras regresaba los peces grandes y se quedaba con los peces pequeños.

Confundido, el turista curioso se le acercó al pescador.

"Disculpeme. Me he estado dando cuenta que se está quedando con los peces pequeños en lugar de quedarse con los peces grandes. ¿Qué no debe de ser al revés?"

El pescador lo mira y sin parpadear le contesta, "¡Claro que no! Mi sartén solo mide 10 pulgadas de ancho."

Antes de que critiques al pescador, ¿a cuántas personas conoces que tienen la misma mentalidad como el del sartén de diez pulgadas? ¿Cuántas veces limitan tus amistades su habilidad de soñar en grande porque están pensando en lo más pequeño? ¿Cuántas veces te haces esto a ti mismo? El Sr. Norman Vincent Peale lo describe de esta manera:

Existe una tendencia profunda en la naturaleza humana de convertirse precisamente en lo que nos imaginamos ser. Nos equivalemos con nuestra propia evaluación personal ya sea de apreciarnos o despreciarnos. Determinamos si nos vamos a limitar o si vamos a tener un potencial de crecimiento sin límites.

Personas jóvenes que limitan su pensamiento como el pescador con su sartén, usualmente proyectan pensamientos negativos que atrae consecuencias negativas. La gente que tiene una pasión de salir con éxito, piensan más allá de las limitaciones que se imponen por un sartén. Ven el panorama en grande. Saben que pueden alterar el tamaño del sartén para

acomodar el tamaño de sus sueños. La pasión que tienen para salir con éxito los eleva a niveles altos de compromiso, entusiasmo y expresión personal.

El pescador en la historia anterior falló al no preguntarse, ¿Y en caso de..?: ¿Y en caso de que el sartén sea pequeño? ¿Y en caso que me quede con el pez grande en lugar del chiquito? Si me quedo con el pez grande, puedo reducir la mitad de mi tiempo pescando, ¿verdad? Si parto los pescados grandes por la mitad, puedo tener el doble de comida.

Simplemente al hacernos las preguntas, demuestra que en la vida, nuestra propia existencia es una incertidumbre. Nuestra incertidumbre subraya nuestros pensamientos, nuestros sentimientos, y nuestras acciones. Nos hacemos preguntas así como: "Y si acaso hago esto" o "Y si acaso hago aquello" o "Y si acaso me pasa esto" o "Y si hubiera hecho esto en lugar de aquello, haberme ido para allá en lugar de para acá, o haberme detenido entonces en lugar de ahora". La vida está llena de incertidumbres, o por lo menos la mitad de la vida lo está. La otra mitad de la vida nos trae certeza, estabilidad y orientación.

¿Y en caso que nos conociéramos a nosotros mismos muy bien? ¿Y si acaso verdaderamente apreciamos nuestras habilidades y talentos? ¿Y si acaso permitimos que Dios trabaje a través de nosotros? ¿Qué sucedería si acaso nos ponemos al lado de nuestros principios y nuestros valores? ¿Y si acaso perdonamos a las personas que nos han hecho daño? ¿Y si acaso podemos hacer algo de nuevo, qué sería?

Es la incertidumbre de la vida, el lado de la vida que tiene riesgos, la que nos estira y nos causa experimentar y crecer. "Si puedo hacer esto, tal vez puedo hacer aquello" o "Creo que puedo salir con éxito en esta área si es que hago esto" o "¿Cuántas puertas se me abrirán si tengo una pasión de sobresalir?"

Muchos jóvenes comen, duermen y viven al lado de la vida con incertidumbre. Una de las situaciones más duras para mí durante las asambleas de estudiantes es cuando los jóvenes me dicen que son adoptados y que no saben quienes son. Les digo que está bien que hagan preguntas. Mientras tú tal vez no aceptes la adopción o la crianza de niños en otros hogares, lo importante es que tú perteneces y que te quieren. Muchos de ustedes me dicen que se sienten incompletos porque sus hermanos no son hermanos biológicos. Sin embargo, el estar conectado biológicamente no garantiza un acercamiento o un amor de hermandad.

Estimada Coronela Kickbusch:

Ayer asistí a su presentación del noveno grado en la escuela South High. Me senté en la primera hilera y pude ver todas las expresiones y lágrimas. La historia de su mamá me hizo pensar en la mía. Cuando regresé a mi casa, le ayudé con lavar la ropa, lavar los platos y muchas otras cosas más. Ella había tenido una operación quirúrgica y tenía mucho dolor. Su historia me ayudó a entender que solo porque sea mi mamá, no significa que ella debe ser responsable por todo. Me gustaron mucho todas sus historias. Especialmente la de "los vatos". ¡Estaban muy chistosas! Gracias por haber tomado el tiempo de platicar con nosotros.

Sinceramente,
Kate

Algunos de ustedes se sienten avergonzados de sus padres por varias razones: no hablan bien el Inglés , o simplemente no hablan Inglés, no tienen una buena educación, o son pobres. Existe el trauma de tener padres quienes son alcohólicos, maltratan a los niños, son adictos a las drogas o son predatores sexuales. Algunos jóvenes vienen de padres inmigrantes, quienes tal vez no hablan el Inglés, y que tal vez no tengan una educación formal, pero están dispuestos a dar sus vidas por sus hijos. Otros jóvenes tal vez viven sólo con su madre, pero yo creo que esto también forma familia. (Menciono los hogares de madres solteras porque estos hogares son mucho más que los hogares de padres solteros; sin embargo, estoy consciente del vacío que existe en un hogar sin madre). No te deberías de sentir fuera de lugar porque desafortunadamente hay muchos hogares como estos.

A veces nuestras escuelas no tienen la sensibilidad hacia las situaciones que enfrentan los jóvenes de hogares en donde sólo viven con su mamá o con su papá. Por ejemplo, algunas escuelas festejan el Día con Mamá, o el Día con Papá o tal vez celebran la Noche de Fútbol con Padre e hijo, o el Almuerzo entre Madre e Hija, y así sucesivamente.

Una amiga me contó un incidente que quizo compartir. Los jugadores se estaban anunciando junto con sus padres antes de que comenzara un juego de fútbol. Orgullosamente cruzaban el campo juntos mientras que la multitud de gente aplaudía con alegría. Mi amiga observó cuando un joven cabizbajo cruzó el campo de fútbol cuando escucho su nombre. No había ningún padre ni un adulto a su lado. ¿Qué tan sólo se ha de ver sentido el joven? Se me parte el alma al imaginarme al joven cruzar el campo a solas. Deseo de alguna manera que hubiera estado allí para el y acompañarlo para que hubiera caminado con su cabeza en alto.

En otra ocasión, una escuela celebraba su evento anual con el Almuerzo entre Padre e Hija. Una buena amiga mía acababa de registrar a su hija en esta escuela privada. El papá de la jovencita había fallecido cuando ella estaba en el segundo grado, y todavía estaba batallando con el dolor de su pérdida. Cuando supo sobre esta tradición en la escuela, su dolor resurgió y pensó no asistir a la escuela para evitar el Almuerzo. Ella se identificaba con la pérdida de su padre y el dolor que sentía, y la escuela había fallado en ver la situación difícil en la cual la habían puesto.

¿Cómo tratamos con estas situaciones? Una manera es de rehusar sentirse que uno está incompleta por lo que uno no tiene. Lleva a tu Mamá al almuerzo, invita a tus abuelos, a una amistad cercana a la familia, una tía o un tío o a tu maestro o maestra favorita. No sientas vergüenza por estas situaciones. Habla con los oficiales de la escuela y tú puedes hacerlos más sensibles a situaciones distintas y juntos encontrar alternativas.

Parece que hoy en la vida de los jóvenes es importante tanto su imagen como la aceptación por otras personas o sus compañeros. Creo que aunque sí es importante de cuidar de las necesidades externas, es mucho más importante darse cuenta de que lo que está dentro de nosotros, es críticamente importante. Lo que esté adentro es lo que te da el carácter de seguir adelante.

Todavía recuerdo la mujer profesional que vestía impecablemente y se me aproximó durante una conferencia y me dice: "¡Veme ahora mismo en mi vestido de $500, zapatos de $200 y mis joyas bien caras. Sin embargo, me siento como si valiera $1.99!" ¿Qué era lo que me estaba diciendo? Lo que yo creo que quería dar a entender era que ella no se podía encontrar a si misma con lo que se compraba. Ella estaba tratando de buscar su propia identidad, su auto-estima, su valor de si misma y su confianza en si misma. Mientras la ropa diseñada de última moda o el usar joyas caras tal vez te hagan sentir bien, ese

sentimiento sólo es temporal. ¿Qué sucede cuando las modas cambian, cuando la marca "Tommy" ya no es popular? Cuando te das cuenta que la marca no es la respuesta. ¡Tiene uno que comenzar de Nuevo! ¿Qué es lo que te queda? ¿Qué tanto de tí eres tú realmente?

Así es que, ¿QUIEN ERES TU? ¿Cuánto de tu iniciativa, tu inspiración, tu fortaleza, y tu compromiso viene de adentro de ti misma? ¿Cuáles son tus valores personales? ¿Eres real o eres imitación? Estas son preguntas importantes que te debes hacer. Es importante descubrir las respuestas y creer que esas respuestas son las correctas para ti. Si tú no te puedes definir, alguien más te va a definir. Es posible que estén completamente equivocados de quien en realidad eres y te comienzan a introducir a otras personas como a alguien que ellos definen. ¡No dejes que nadie defina quien eres tú!

Estoy de acuerdo con lo que dijo el psicólogo suizo, Carl Jung:

> *La gente haría lo que sea, sin importar que tan absurdo sea, por tal de evitar enfrentar su verdadero ser. Practicarán yoga y todos sus ejercicios, observarán una dieta estricta, aprenderán teosofía de memoria, o mecánicamente repetirán textos místicos de la literatura del mundo – todo por no seguir con si mismos y por no tener la menor fe de que cualquier cosa beneficiosa pudiera salir de sus propias vidas.*

Muchos de los muchachos y muchachas en el mundo crecen y creyeron que no iban alcanzar a hacer algo. Así como la mujer del vestido de $500 que ya mencione, creyeron que sólo valían $1.99. Una de mis experiencias de mi niñez me ayudó a entender la diferencia entre nuestras ganancias y nuestro valor propio.

Identidad

Tenía 12 años y no tenía idea de que vivía en un barrio pobre. La palabra pobre jamás se había mencionado en mi casa. Mi Mamá me pidió que fuera al norte del pueblo al otro lado de los carriles para hacerle un mandado. Específicamente me pidió que tomara el autobús número 34 y que me portara con mucho respeto.

"Acuérdate," me dijo, "tú vienes de una familia buena con valores buenos así es que no vayas a hacer algo que vaya avergonzar a nuestra familia."

Hice lo que tenía que hacer y estaba esperando en la parada del autobús. Me senté en la banca y miré a lo que yo creí ser la dama más preciosa del mundo. De puro chiste, hoy digo que la gente preciosa parecen perritos franceses de lana, "poodles". Están bien vestidos y se ven curiositos. Ella traía sus uñas bien pintaditas con un color que combinaba con su ropa. Jamás había visto una dama tan bien vestida y con tantos accesorios.

Mi querida Mamá llevaba el olor a cilantro y a ajo la mayor parte del tiempo. Ella no era una mujer profesional con un salario que le diera el lujo de usar ropa elegante y cosméticos. Yo iba vestida con ropa que en nuestra casa le decíamos, "de segunda". Mi ropa de segunda era un vestido de veinticinco centavos. Mi Mamá tenía muy buen ojo para escoger buen material y hacía sus buenas compras. Mi Mamá escogía la ropa de segunda entre las pilas de ropa que donaba la gente del norte del pueblo para personas más necesitadas que vivían junto a la frontera. La preciosa dama en la parada del autobús me notó, especialmente porque la estaba mirando con mi boca abierta. Pues no pude controlarme, estaba muy impresionada en ver brillar todas esas joyas que traía puestas. Ella me preguntó por mi nombre y dónde vivía. Le contesté con tanto orgullo y le dije, "¡Vengo del Rincón del Diablo!"

Ha de haber sabido que esta era una vecindad dura, porque su respuesta fue muy apática, simpática, empática — bueno, en fin, no sé cual de las palabras patéticas usó. Me dijo, "¡Ay! Pobrecita" e inmediatamente se distanció de mi subiéndose a su autobús. Me quedé aturdida al escuchar a alguien decirme que

era pobre."

Yo pensé que había aprendido algo nuevo que mi padre no sabía así es que decidí sorprender a mis padres con esta nueva información que había obtenido. Corrí al patio de atrás de la casa donde mi Papá estaba alimentando a las gallinas y gritaba, "¡Papá, apúrese, ven a escuchar lo que acabo de aprender!"

El se detuvo y me dijo que me calmara. Luego se lavó las manos y salió del gallinero para sentarse junto a mi bajo un naranjo en la banca que el había hecho. Le dije con alegría, "¡Adivine lo que aprendí, somos pobres!"

"¿Qué dijiste?" me respondió.

Le volví a repetir, "Ya vé. ¡Usted no sabía que somos pobres! Yo sé algo que usted no sabía!"

Mi Papá, con esa voz hermosa y calmada y la ternura que siempre me demostraba, me enseñó la diferencia entre las ganancias de uno y el valor propio. Me dijo, "Nosotros no somos pobres. No tenemos las cosas materiales que la gente prefiere escoger como la manera más importante de poderse identificar. Pero somos ricos. Ricos en cultura, en valores, en tradiciones y en la fe que le tenemos a Dios quien ve a todas las personas igual. Siempre y cuando que trabajes duro, tengas integridad y creas en el sueño Americano, tú puedes lograr lo que tú quieras hacer en la vida. Tú vas a aprender de tus esfuerzos y de tus experiencias. La pobreza ayuda a construir el carácter, la esperanza y la determinación en la gente. Yo nunca voy a permitir que alguien en mi familia piense pobremente, actúe pobremente o se comporte pobremente. ¿Me entiendes?"

Recuerdo haber inclinado la cabeza indicándole que comprendía lo que me había dicho y haber reconocido lo afortunada que era tener un padre tan sabio.

Si sientes vergüenza porque no usas la última moda de ropa diseñada, porque no vives en una casa grande, porque no manejas un buen carro o porque no tienes mucho dinero para gastar, entonces es tiempo de que cambies tu manera de pensar. ¡No te engañes! La abundancia material no se compara con la riqueza interna.

Para ti, el lector que tal vez esté bendecido con ropa fina, auto nuevo, casa grande, y dinero para gastar, recuerda que las cosas lo hacen a uno feliz por corto tiempo, pero la riqueza que lleva uno adentro de si mismo es una abundancia permanente. Al buscar el éxito uno tiene que trabajar adentro de si mismo y sentirse que no tiene precio, y no tener que usar ropa cara cuando se sienten que por dentro sólo tienen el precio de $1.99. Confía en mí. Muchas personas que viven rodeadas de cosas materiales, viven vidas atormentadas porque confunden su valor propio por las ganancias.

Muchas personas se menosprecian y nunca logran ver su individualidad personal. No ven ni sus talentos ni sus habilidades. Pierden muchas oportunidades para poder crecer profesionalmente y personalmente. Sea lo que sea, debemos ser honestos con nuestro llamado. En las palabras del Misionero, Pearl S. Buck, "un escritor debe escribir, una bailarina debe bailar, una pintora debe pintar, un músico debe tocar música." Si nosotros no expresamos con gozo quienes somos, entonces estaremos viviendo vidas incompletas.

Nosotros respondemos por nosotros mismos. Estamos irrevocablemente ligados a nuestras propias biografías de nuestra vida que está por vivirse. Una de mis responsabilidades como oradora profesional es de poder ayudarle a la juventud a que realicen y expresen sus propias riquezas e individualismo. La siguiente declaración puede que sea una de las guías más importantes en este libro, así es que léelo cuidadosamente. Tal vez lo quieras leer dos veces porque así es de importante. Aquí está: Estás dibujando tú propia portada cada vez que piensas, sientes y actúas. En cada situación y circunstancia en la que te

encuentras, considera que es tu cuadro de pintura. Tus valores son tus pinceles. Lo que dibujas depende de ti. Hablo con experiencia personal cuando digo que entre más consistencia tengas en emparejar las pinceladas con los valores principales en este libro, más colorido, más vibrante y más hermoso será tu obra de arte. Y esa obra de arte es tu vida.

¿Qué tipo de vida estás dibujando todos los días? ¿Estás dibujando tu obra de arte o la de otra persona? ¿Eres tú el resultado final o es la imitación de otra persona? Te animo a que tú seas tú. Sé honesto. ¡Has que suceda! Tal vez por eso no vas a donde quieres ir. Tal vez por eso no eres quien quieres ser. Veo a jóvenes que saben que van en la dirección opuesta, usando drogas, teniendo actividad sexual a una edad muy joven y mintiéndole a sus padres. Pero se engañan ellos mismos cuando piensan que pueden compensar a la siguiente vez. ¿Cuántas veces escuchamos, "fue la primera vez"? "Quedé embarazada la primera vez que tuve relaciones sexuales," o "Sólo probé la droga una sola vez," o "Fue la primera vez que dispare una pistola." Sólo toma "una primera vez" para arruinar las vidas de los jóvenes y devastar a familias. Teniendo valores facilita la habilidad de que puedas enfrentar la presión de tus compañeros y te ayuda a evitar "una primera vez".

Los valores principales proveen un camino para mejorar la vida y tener mejores valores. Proveen fe y esperanza que puedes aceptar como una forma de vivir. Así es que comienza a ser el valor principal #1 – SER TU MISMA. Disfruta ser quien eres. Sé auténtica. Desarrolla tus talentos y tus habilidades. Expresa tu individualidad. Todos tienen talento. Nunca he conocido a alguien que no tenga cierto talento, aunque ellos no lo reconozcan. Algunas personas definitivamente son genios en ciertas áreas mucho más que otros. El talento de una persona puede ser de cantante, mientras que el talento de otro individuo es de ser un escultor increíble. Otras personas tienen talento en el área de medicina, matemáticas, química o ciencias. Otras personas pueden brincar más alto, correr más rápido, subir montañas más altas o simplemente ser más inteligentes que otros.

Todos tenemos ciertos talentos. Algunos de nosotros descartamos o cedemos los talentos por varias razones. Otras personas como Erma Bombeck, aprecian sus talentos y los usan. Ella decía, "Cuando yo esté ante Dios al fin de mi vida, espero que no tenga ni una gotita más de talento en mi para poderle decir, Dios, utilicé todo lo que me diste." Ella sabía quien era ella y ella expresaba quien era ella. Tú también lo puedes hacer.

Ejercicios de Reflexión

1. Lee cada declaración y contesta cada una escribiendo tu pensamiento en la línea. Este ejercicio está diseñado para darte la oportunidad de que practiques en pensar sobre tu identidad....saber cual es tu identidad y cómo desarrollarla a su potencial máximo.. ¿Quién eres?

   Yo soy... *un ser humano*

   Yo soy... *un hijo / una hija / un hermano / una hermana*

   Yo soy... *muy bueno para los problemas de matemáticas.*

   Yo soy...

   Yo soy...

   Yo soy...

2. Si tú te ibas a decir exactamente quien eres cada día cuando despiertas, ¿qué te dirías?

3. Los que han salido con éxito, hablan bien de si mismos. Has una lista de declaraciones que tú mismo te puedes decir cada día.

   ❖ Hoy me voy a acordar de darles gracias a las personas que me ayudan.

   ❖ Voy a aprenderme una palabra nueva y la voy a usar en mis conversaciones.

   ❖

   ❖

   ❖

4. Ejercicio de los valores principales: Escribe un párrafo en breve explicando por qué es importante que te conozcas a ti mismo (básate en el valor principal de IDENTIDAD).

5. ¿De quién aprendes? ¿Quién es importante en tu vida? Indica a las personas que admiras y por qué razón.

PERSONA QUIEN ADMIRAS	PORQUE . . .
Sra. K	*Ella es una líder muy buena.*
Juan	*El sabe quien es.*
Sr. R.	*El está orgulloso de quien es.*
Srta. C.	*Ella me trata con respeto.*

"¡Si tú tienes que caminar a solas,
camina! ¡Sólo conócete a ti mismo!"

Te puedes quejar porque las rosas tienen espinas o te puedes alegrar porque las espinas tienen rosas.

(Ziggy)

Es nuestra actitud, no nuestra aptitud, la que determina nuestra altitud.

(Robert Schuller)

Que vida tan maravillosa he tenido. Sólo deseo que lo hubiera sabido con más tiempo.

(Collette)

Capítulo 2
Actitud

Escoge el "sentir que vales"
en lugar de "sentirte menos"

Escucho de muchos jóvenes que me dicen: "¡Él tenía una actitud, por eso salimos de pleito!" o "Ella me estaba dando una actitud, y tenía que arreglar la situación, por eso le di una cachetada!" Nos referimos hacia las personas que tienen una actitud según como se visten, como hablan o como se comportan.

Sin embargo, "la *actitud*" a la cuál nos referimos aquí, no es el tipo de actitud donde se enfrenta uno con la *actitud* de "¿Qué me miras?". Actitud significa la manera en que planteamos situaciones y eventos. Actitud es nuestra

disposición mental y moral. Podemos tener una actitud negativa o positiva. Los ejemplos que les di anteriormente, son ejemplos de una actitud negativa. Las actitudes negativas parece que prevalecen más hoy en día por la manera en que usamos la palabra.

Si quieres salir adelante con tu vida, el tener una actitud positiva es la respuesta. El Sr. Jay McGraw, autor de Estrategias Diarias de la Vida para los Adolescentes *(Daily Life Strategies for Teens)*, lo describe de esta manera:

> *Si quieres comenzar a realmente controlar tu vida y comenzar a hacer mejores decisiones sin repetir la actitud que tú sabes no es una buena actitud para ti, actitudes que últimamente arruinan tu estímulo personal y amenazan tu seguridad, entonces tienes que identificar qué "influencias" son las que te están arruinando tanto. Conecta los puntos entre tus actitudes que te derrotan y los resultados que recibes con estas actitudes.*

Las actitudes son reacciones personales muy poderosas a lo que pasa alrededor del mundo que te rodea. Nuestra actitud habla por nosotros mucho antes de que abramos la boca. La actitud es importante en cómo afrontamos la vida. Cuando tenemos una actitud positiva, nuestra actitud positiva hace que las personas que nos rodean quieran estar con nosotros. Un estudiante en la escuela con una actitud positiva, le permite acercarse más a los maestros. A los maestros les encanta ayudar a los estudiantes con actitudes positivas. Esta actitud positiva se refleja cuando entregamos nuestras tareas a tiempo, bien hechas y presentables. Si entregamos una tarea en papel sucio, con borrones y sin correcciones, entonces estamos demostrando una actitud negativa.

Actitud

Similarmente, es posible que el supervisor que tiene un empleado con una actitud positiva va a tratar de ayudarle al empleado a salir con éxito en su trabajo. Si un empleado llega tarde, sale temprano, y toma más del tiempo necesario para almorzar, éstas claramente son señales negativas que van a llamarle la atención al supervisor. Desafortunadamente la atención que va a recibir el empleado también va a ser negativa.

Es más probable que una madre o un padre le extienda la hora de llegar a casa a un hijo o una hija para una ocasión especial cuando el hijo o la hija sin falta han llegado a casa a tiempo en otras ocasiones. Esto le demuestra a los padres que el hijo o la hija es responsable y tiene una buena actitud hacia las reglas de la casa. Es más probable influenciar a los padres para dar permiso a sus hijos para otras actividades cuando hacen los quehaceres del hogar con una actitud positiva.

Un buen amigo mío, Jimmy Cabrera, que es un orador profesional y autor de su libro ¿Qué llevas en tu mochila? *(What's In Your Backpack?)* les demostró a un grupo de estudiantes otra manera de cómo ver la actitud. Aquí está como lo describió:

> *Aunque la declaración siguiente ha existido por mucho tiempo, tiene mucho que decir sobre la naturaleza del éxito. La actitud es todo. "Todo" significa cien por ciento de algo. ¡Correcto! Voy a usar el alfabeto inglés de 26 letras para comprobar mi punto. Voy a organizar la palabra "actitud" en inglés — attitude - alfabéticamente. Cada letra del alfabeto tiene un número que le corresponde. "A" es la primera letra así es que tiene un número de 1. "Z" es la letra número 26, y así sucesivamente. Así es que, completemos la ecuación para la palabra "attitude":*

$$A(1) + T(20) + T(20) + I(9) + T(20) + U(21) + D(4) + E(5) = 100\%$$

La actitud en realidad es todo cuando se trata de procesar la experiencia humana. Tal vez conoces a un joven que es un

latoso, o una joven narcisista que está ensimismada, o a un maestro que lastima sin razón, o un padre que no quiere escuchar. Pero el problema comienza si comienzas a ver esas experiencias negativas por medio del filtro de actitudes negativas.

Por ejemplo, si vives con padres o con guardianes que no permiten tener una plática entre ellos y los hijos, no toman mucho tiempo para que los adolescentes tomen la *actitud* que dice: "¿De qué sirve platicar con los padres o guardianes?" Además has de pensar: "Ellos van a hacer las cosas a su manera y no les va a importar lo que yo pienso o siento sobre las cosas." Te aconsejo a que busques a esos miembros de la familia que sí te escuchan y platica con ellos lo que piensas y lo que sientes. Si sientes que no hay nadie que realmente te escucha, entonces te animo a que escribas tus pensamientos. A esta técnica se le llama escribir en un diario. Es una buena manera de poner en libertad tus pensamientos y tus frustraciones sin hacer enojar ni lastimar a otra persona. El tener que escribir en un diario toma esfuerzo de tu parte para poder anotar lo que sientes, lo que te sucedió, ideas que no quieres olvidar, actitudes que quieres cambiar o adoptar, o simplemente tu impresión del día.

Escribir puede guiarte a muchas cosas buenas. Relaja tensiones y te permite reflejar en tus sentimientos, pensamientos y actitudes. Se convierte en una gran manera de aliviar las tensiones. Es como una técnica purgante por medio de letras, especialmente cuando te sientes enfurecido o sientes dolor. Escribir en un diario es como tener un buen amigo junto a ti cuando mas lo necesitas. Uno de los beneficios de tener un diario como tu mejor amigo es que no te replica, sino que repite todo lo que le has dicho, así es que tienes tiempo para reflejar y tomar la acción correcta.

Algunos de ustedes ya han experimentado tragedias graves en sus vidas jóvenes. Tal vez no piensas que las cosas pueden ser peor. Te sientes con el deber de tener una actitud de desconfianza y de miedo hacia las personas, especialmente si personas en tu

pasado te han lastimado. Me siento obligada a compartir contigo algo muy personal que me sucedió y lo cual causó que yo tomara una actitud de desconfianza hacia los adultos. Este incidente cambio mi vida y ocurrió cuando solo tenía nueve años.

Mi madre me mandó a una casa cruzando la calle para entregarles un platillo de comida a nuestros vecinos. Era una pareja anciana quienes mis padres respetaban y confiaban. En este día espantoso, entré a su hogar con la simple idea de entregarles el platillo de comida que mi madre les había enviado. Me encontré en la sala con solo el esposo de la anciana. El me comenzó a tentar en lugares donde yo me sentía desagradable y me asuste. Me dijo que me quedara callada y me amenazó diciéndome que le diría a mi mamá que yo me había portado mal. Me aseguró diciéndome que mi mamá me iba a dar una nalgada por haberme portado mal en una casa ajena. El sabía que mi madre era muy estricta así es que le dije que no le iba a decir a nadie.

Ese señor me siguió tocando impropiamente en otras ocasiones. No sabía que este tipo de abuso no iba a parar con el. Eventualmente, dos señores más abusaron de mi también. Todos me amenazaron diciéndome que me acusarían por mi mal comportamiento y se asegurarían de que mi madre me golpeara. Yo viví en mi propio infierno pequeño por tres años hasta que pararon de tocarme. Diez años después, cuando iba rumbo a hacer mi carrera, entendí lo que me había sucedido. Me sentí avergonzada y sucia. Yo no sabía que esto había sido una violación sexual y que no era mi culpa. Me tomó muchísimo tiempo para volver a tenerles confianza a los adultos, especialmente a hombres mayores de edad.

Tuve dificultad con mis relaciones porque desarrolle una actitud de que no merecía recibir amor ni cariño ni que se preocuparan por mi. Sentí que no tenía valor ya que había experimentado una vida tan horrible de niña. Deseaba haber

tenido a alguien que me hubiera animado a reportar el abuso sexual y haber podido recibir ayuda. Dejé que estos hombres sin escrúpulos, sin principios, y sin moralidad me maltrataran y tomaran ventaja de mi inocencia. Aunque esto todavía me afecta de vez en cuando, me doy cuenta que esto es parte de mi pasado. Ni mi pasado, ni el pasado de quien sea, tiene que ser una sentencia por vida. Creo firmemente en el hecho de que "no" tenemos que vivir una vida de tormento por años porque sentimos que nadie nos va a entender o a escuchar o que nos van a juzgar por haber tenido una experiencia traumática durante nuestra niñez.

> Estimada Coronela Kickbusch,
> Muchas gracias por haber venido a nuestra escuela para hablar con nosotros. Especialmente me gustaron los chistes que nos contó. La parte de su plática que en realidad me afectó mucho, fue la historia sobre la madre que falleció. Le garantizo que andaba buscando un teléfono prestado para llamarle a mi mamá y decirle que la amo. Muchas gracias de nuevo.
>
> Sinceramente,
> Rafael

Si estás envuelta en una situación desesperante así como el maltrato físico, las drogas, la depresión, la violación sexual, o el abuso mental, por favor busca ayuda inmediatamente. Comienza diciéndole a tu consejera o consejero de la escuela o a un trabajador social que conozcas. Estos individuos te pueden proveer con la ayuda profesional y la orientación que necesitas inmediatamente. Si sientes que los consejeros o los trabajadores sociales no pueden ayudar, entonces llama al número local para los servicios para proteger a los niños que se encuentra en el libro telefónico en las páginas amarillas. Estas personas son personas profesionales bien capacitadas. Ellos te pueden conseguir ayuda rápidamente.

Actitud

Si tienes amistades que parecen estar crónicamente desesperanzados, con depresión o enfurecidos, no los juzgues al momento. Al contrario, pregunta qué les pasa. Déjale saber a tu amigo o amiga que has notado un cambio en el o ella. Dile que no parece ser él mismo o ella misma. Hazle preguntas que te van a guiar a obtener una respuesta. Por ejemplo:

- ❖ He notado que te vez triste últimamente. ¿Están bien las cosas en tu casa?
- ❖ He notado que te irritas con mucha facilidad. ¿Qué esta pasando que parece causarte mucha furia últimamente?
- ❖ No sientes ganas de hacer casi nada así como hablar por teléfono, platicar con nosotros, ni salir con tus viejos amigos. ¿Hay algo que hemos hecho que te causa que nos evites?
- ❖ Estoy enterado de que tus padres están divorciándose. ¿Quieres platicar conmigo sobre lo que sientes? Tal vez no tenga las respuestas, pero quiero decirte que por lo menos estoy aquí como tu amigo.
- ❖ Siento muchísimo haber sabido sobre la muerte de tu pariente familiar. No puedo aliviar tu dolor, pero aquí estoy para ofrecerte mi compasión y mi simpatía. Me preocupo mucho por ti.

Creo que por cada mal encuentro, existe un buen encuentro que necesitamos recordar y buscar para evitar una actitud negativa. Por lo menos, piensa en pensamientos positivos o recuerda una canción que alegra tu vida. Lee un poema que levanta tu espíritu. Escríbele a una amiga que te ayudará a pasar por los tiempos difíciles.

Nuevamente, el escribir en un diario es una gran ayuda para uno. Escribe en cualquier papel o cuaderno. La cosa más importante es que no guardes el dolor o enfurecimiento dentro de ti. Encuentra una salida, ya sea una amistad o un diario para darle abertura a tu dolor, a tu enojo, en una manera controlada y

terapeuta. ¡Tenemos la bendición de darnos el mejor regalo de todos, el poder cambiar las circunstancias de nuestras vidas inmediatamente, simplemente cambiando nuestra actitud! Se me hace cómico cuando las personas discuten sobre el vaso que está medio lleno o medio vacío. Mi respuesta es: ¿Qué importa? Que lo llenen de alegría, esperanza y amor.

No podemos estar tristes y contentos al mismo tiempo. No podemos sentirnos en paz y con temor a la vez. No podemos sentirnos seguros e indecisos bajo el mismo respiro. No podemos sentirnos enfurecidos y con compasión al mismo momento. Es imposible de ser optimista y pesimista a la vez. Podemos hacernos sentir que valemos o podemos hacernos sentir menos.

Estoy segura de que no te va a sorprender el día que vivas un momento de crisis personal, una situación difícil económicamente con circunstancias negativas. Tu actitud y tu comportamiento van a sentir el efecto de la presión. Vas a pasar el día con mucho cuidado, y tal vez te sientas gastado emocionalmente lo cual te mantendrá fuera de sincronización.

También puedo afirmar que cuando tú creas que has hecho la decisión de rescatar y recuperar la situación, tus actitudes serán mas positivas y mas llenas de esperanzas. Cuando seguimos este camino, comenzamos a adaptar nuestra escritura final para que corresponda con nuestra actitud positiva. Comenzamos a ver los cambios que hacemos como oportunidades, y no como amenazas.

Sin descuidar la seriedad de algunos de los obstáculos que hemos vencido o que actualmente enfrentamos, te animo a que experimentes con los cambios que ya sabes que tienes que hacer para vivir una vida más enriquecida, más balanceada, más alegre y más productiva. Las actitudes que tienes hoy, son las que van a causar el futuro que quieres para mañana. Tal vez quieras leer la declaración anterior porque es céntrico para comprender y apreciar qué tan bien te va a ir en tu vida. "La gente siempre está culpando sus circunstancias." dijo George

Bernard Shaw. "Las personas que se ponen en marcha en este mundo, son las personas que se levantan y buscan las circunstancias que quieren, y si no las pueden encontrar, las inventan por medio de sus actitudes positivas."

No tengas miedo de ser conocido como una persona que toma una actitud positiva y que vé cada circunstancia como una oportunidad para crecer personalmente o profesionalmente. En el libro de Daryl Ott Underhill, Cada Mujer Tiene Una Historia *(Every Woman Has a Story)*, indica entre comillas: "No podemos ser lo que necesitamos ser si cultivamos actitudes negativas." Cuando yo leí esta declaración, supe que tenía que compartirla contigo. Me recordó a otra historia de un maestro joven que no podía alcanzar a ser la persona que quería ser porque había cultivado la actitud de un "sábelo-todo".

El maestro joven decidió visitar a un director de una escuela que ya estaba jubilado y que tenía una especialidad similar. El maestro estaba escribiendo un libro y quería hacerle algunas preguntas a su mentor y platicarle de algunas dudas que tenía.

El señor ya mayor de edad, invitó al maestro que se sentía muy seguro de si mismo, a que lo acompañara a su biblioteca en donde su asistente les trajo té. En cuanto se sentó el maestro joven, inmediatamente comenzó a vanagloriar sobre su éxito académico, le platicó sobre sus credenciales administrativas y de su experiencia dentro del campo educativo que compartían. El director no decía nada mientras servía más té en la taza de su invitado vanaglorioso. El maestro ni se fijó en la gran hospitalidad que le ofrendaba el director, así es que siguió platicando de su perfección.

De repente, el maestro joven se fijó que su anfitrión, el director, todavía estaba sirviéndole su té mientras el té se derramaba. El té caliente se estaba tirando sobre la mesa, y al piso de madera.

"Deténgase," exclamó el maestro. "¿Qué está haciendo? Está tirando todo el té."

El director jubilado miró a su invitado que ya estaba

perplejo y le sonrió tranquilamente.

"Así como la taza no puede detener mas té una vez llena," *le replica "¿Cómo te voy a dar la información que necesitas si tu ego está lleno?*

Así como lo demostró el director tan dramáticamente, no nos permitimos escuchar los consejos sabios de otros cuando nosotros somos muy creídos. El maestro joven en esta historia parecía ser muy egocéntrico. El se había hecho victima por su actitud de "sábelo-todo". No dejó espacio para recibir mas información ni para crecer personalmente. Su actitud egocéntrica le estaba estorbando y no podía recibir los beneficios ni consejos que le hubiera dado el director sabio.

Me pongo a pensar en mis días obscuros cuando fui maltratada sexualmente y me preguntaba, ¿por qué un adulto intencionalmente lastima a una niña? La razón es que simplemente hay personas que están muy enfermos y jamás deberían estar alrededor de niños. Mi regalo a mi misma era de cultivar actitudes positivas, de mirar hacia el futuro y ser una persona buena, de rechazar sentirme sucia o avergonzada, de encontrar el valor de decir en este libro algo que se tenía que haber dicho para poder ayudarle a alguien más. De alguna manera, siento que hay alguien allá afuera que necesita que yo escriba esto. Por otra parte, cada vez que hablo sobre esta parte dolorosa de mi pasado, me ayuda a sanar y a seguir caminando la jornada de mi vida.

Así es que recuerda, que la actitud es muy importante. Piensa positivamente. Busca en mejorar tus sentimientos y tus pensamientos hacia ti misma y hacia otras personas. Si tú conoces a alguien que necesita tu apoyo, recuerda en hacerle preguntas que te darán respuestas en lugar de juzgarlos. Si tú necesitas a alguien que esté contigo, no tengas miedo en buscar

ayuda inmediatamente. Entre más rapido recibes ayuda, más rapido te recuperarás. Luego puedes seguir tu jornada de tu vida haciendo una alianza constante y con fe con tus actitudes positivas.

Ejercicios de Reflexión

1. La actitud es algo que desarrollamos con el tiempo. No solo sucede de la noche a la mañana. Tenemos que trabajar en desarrollar nuestra actitud así como tenemos que trabajar en desarrollar otras habilidades. Las siguientes declaraciones son sugerencias que tal vez quieras considerar para que puedas enfocarte en el lado positivo y no en el lado negativo de los eventos diarios, de la gente diaria y de los lugares diarios. Indica con una marca las declaraciones que funcionen para ti:

___ Rápidamente retira los problemas pequeños resolviéndolos primero.

___ Resuelve los problemas grandes dividiéndolo en partes pequeñas.

___ Cuando piensas en lo que puede suceder en cualquier día, piensa en las cosas buenas que van a suceder.

___ Cuando pienses en los eventos del día, piensa en los eventos donde la pasaste bien.

___ Comparte con alguien a quien estimas tu experiencia sobre lo que aprendiste de "actitud".

___ Lee libros o artículos en revistas sobre la actitud positiva. Pídele a la bibliotecaria que te ayude.

___ Si existe algo negativo en tu vida sobre lo cual tú no tienes ningún control, entonces rehúsa preocuparte de eso. Tú tienes el poder de escoger lo que sientes.

___ Toma unos minutos cada día para pensar cómo vas a usar tu actitud positiva.

___ Agrega algunas de tus sugerencias:

2. Se puede intensificar el desarrollo de nuestra actitud por la manera en que nos comunicamos. Completa el siguiente ejercicio leyendo cada oración y poniendo un círculo alrededor de la "V" si crees que la respuesta es verdadera o un círculo alrededor de la "F" si crees que es falso. El autor de este ejercicio es Elwood Chapman. Al final del ejercicio, ella les ha proveído más información. Por favor completa el ejercicio antes de leer la nota de la autora.

V F Personas que cuentan historias chistosas por lo regular tienen mas perspectivas positivas que las personas que no cuentan historias chistosas.

V F Las personas que siguen la póliza, "Si no puedes decir algo bueno de alguien, entonces no digas nada", son personas que usualmente tienen mas actitudes positivas que otras.

V F Cuando un problema es complicado, el hablar sobre el problema puede servir como terapia para la persona que lo habla.

V F Las personas que hablan mucho, frecuentemente parecen ser mas negativos que otros.

V F Conversaciones felices se traducen a pensamientos positivos. Pensamientos positivos se traducen a conversaciones felices. Las dos se traducen a actitudes positivas.

V F Las personas positivas deliberadamente alimentan su mente con pensamientos positivos.

V F Entre más te quejas sobre tu situación, más negativa se convierte tu actitud en general.

V F   Las personas que por medio de sus conversaciones lo levantan a uno moralmente, y le ayudan a las personas a permanecer positivas, también ayudan sus propias actitudes.

V F   Es más fácil convencerse uno mismo a tener un humor negativo que de convencerse a salirse de tener un humor negativo.

V F   Es más fácil de pensar en un humor negativo que de convencerse o pensar en no tener un humor negativo.

(NOTA: Elwood Chapman cree que todas las declaraciones son verdad. El propósito del ejercicio es de comunicar la importancia de lo que hablamos y cómo afecta la manera en que pensamos. El hablar positivamente usualmente nos da más enfoque positivo en la vida.)

3.   ¿Quiénes son algunas personas positivas que conoces o de las que has escuchado? ¿Quiénes son algunas personas negativas que conoces o de las que has escuchado? ¿Cuáles son las diferencias entre estas personas en relación a como viven, como se comunican con otras personas, el trabajo que hacen, y su estilo de vida. Completa el siguiente ejercicio para que te ayude a reflejar tus pensamientos.

Personas Positivas:

Personas Negativas:

Describe lo que hacen y lo que dicen estas personas positivas. ¿Qué es lo que los hace ser personas positivas?

Actitud

Describe lo que hacen y lo que dicen estas personas negativas. ¿Qué es lo que los hace ser personas negativas?

¿Cuáles de los comportamientos positivos que se han mencionado practicas?

¿Cuáles de los comportamientos negativos que se han mencionado practicas?

Escribe unas palabras de cómo puedes mejorar algunos de los comportamientos positivos y cómo puedes convertir los comportamientos negativos a comportamientos positivos:

Sé un campeón de actitudes positivas y mira cada circunstancia como una oportunidad para crecer personalmente y profesionalmente.

Nuestra simpatía hacia todo ser viviente es lo que verdaderamente nos hace humanos. No encontraremos la paz, hasta que extendamos nuestro círculo de compasión hacia todas las cosas que tienen vida.

(Albert Schweitzer)

Compasión es el lenguaje que escuchan los sordos y ven los ciegos.

(Mark Twain)

Nadie en el mundo que alivia el peso de otros es inútil.

(Charles Dickens)

Capítulo 3
Humildad y Compasión

Da y recibe actos de gentileza afectuosa.

Había una vez un hombre bondadoso, amable y caritativo que nunca rechazaba a una persona necesitada. Él mantenía una posición respetada en su iglesia y era uno de los principales empleadores del pueblo. Por una serie de circunstancias inesperadas, perdió su negocio, su hogar, sus inversiones y sus posesiones materiales. Se mudó a otro pueblo pero se encontró reducido a tener que rogar por sus trabajos y trabajar en

trabajos serviciales para poder existir.

Un día, un señor que lo encontró por la calle le preguntó, "¿Por qué no le pides trabajo al miserable rico, Antonio? Él siempre necesita ayuda y tal vez tome la oportunidad de contratarte porque necesitas el trabajo, ya que los trabajadores no le duran por mucho tiempo. Por lo menos ya no tendrás que estar rogando por un trabajo."

Otra persona le dijo, "Déjame advertirte de Antonio. Él es ofensivo, cruel, y exigente. Todo mundo lo odia y nadie quiere trabajar para él."

Era tanta la necesidad del pobre señor, que siguió el consejo de la primera persona y le pidió trabajo al miserable rico. Le ofreció la tarea más baja, de ser su sirviente personal. El miserable rico en verdad era un gruñón, exigente, insensible y generalmente tóxico. Por muchos años el pobre señor ignoró los insultos y el comportamiento cruel del rico. Él siguió siendo un sirviente fiel y trataba a su patrón con respeto y con compasión.

La gente del pueblo lo criticaba y le decían cómo estaba tan dispuesto a permitir que el miserable rico lo ofendiera y se aprovechara de él. Sin embargo, el sirviente siempre les decía, "Ésta es la única manera que yo sé como tratar a otras personas. Es mi deber de ser bondadoso y de ser un empleado fiel."

Llegó el día cuando el rico se enfermó gravemente. Cuando los doctores le dijeron que no iba a tener mucho tiempo de vida, el miserable rico llamó a su fiel sirviente.

"Tú has sido un sirviente leal y afectuoso por muchos años. Tú has aguantado mis insultos, mis modales malos, mis burlas irritantes, y mis caprichos infantiles sin quejarte y sin juzgarme. Yo actué de esta manera porque sentía que todos los del pueblo estaban planeando en quitarme mis riquezas. Perdóname, por haberme desquitado contigo."

El sirviente comenzó a hablar, pero el rico le hizo una seña para que guardara silencio. Tenía más cosas que decirle.

"Tú has sido un empleado decente, humilde y honesto. Antes

de que muera, y para compensar a Dios y compensarte a ti, te
voy a dejar mi fortuna entera."

    El miserable rico le pidió a su abogado a que preparara el
testamento y le dio al sirviente las llaves de la caja fuerte.

    Poco después, el rico falleció.

Esta historia, adaptada de la antigua literatura sabia, sirve como un recordatorio del poder de la bondad hasta bajo las circunstancias más difíciles. El sirviente sintió el sufrimiento del miserable rico, a pesar de que el rico tenía un exterior duro y una personalidad tóxica. Tal vez has conocido a personas como este miserable rico, ya sea compañeros de clase, maestros, consejeros, directores de campamentos, o rectores de las escuelas. Frecuentemente, cuando las personas actúan de tal manera, es que están ocultando algún tipo de dolor, alguna decepción de ellos mismos o tienen miedo. Así como el miserable rico, usan su furia, se apartan de la gente, y se comportan odiosamente para poder distanciarse de la misma gente que les puede ayudar.

    Cuando tú alcanzas a las personas en la manera que puedas, ellos sentirán tu calma, tu compasión, tu amor, tu preocupación y tu comprensión. Simplemente por ser tú, te conviertes en una presencia de cicatrizar heridas en sus vidas.

    Por otro lado, tal vez tú eres una persona que usa las "tácticas miserables" para esconder tus heridas, tu culpabilidad, tu decepción en ti mismo y tu desconfianza con la vida. Si así lo es, te animo a que le estreches tu mano a alguien quien confías y acepta la ayuda que esa persona está dispuesta a darte. Te voy a tener confianza con una visión momentánea a mi niñez. Esto va a ayudar a enfatizar la diferencia entre "las tácticas miserables" y "la filosofía de ser un sirviente bondadoso".

Mi mamá era una persona que tenía dificultad en expresar sus emociones así como el amor, la compasión, la comprensión, y la paciencia. Aprendí que su falta de poder expresar sus emociones de una manera buena era debido a que fue huérfana y fue criada en un hogar muy estricto y severo. A ella la golpeaban de niña. Así es que ella creía que la golpiza era el método apropiado para criar a los hijos. Después en su vida, se dio cuenta de que maltratar a los hijos físicamente era la peor manera para criar a los niños.

Lo que muchos padres fallan en comprender es que los hijos no se dan cuenta qué tan ocupadas son las vidas de sus padres. Así es que los hijos comienzan a sentir un resentimiento hacia sus padres que tienen retos emocionales, económicos y éticos. ¿Vives en una situación similar? ¿Conoces a alguien que vive esta situación? ¿Tienes un resentimiento hacia tus padres porque no están allí cuando los necesitas? ¿Te ofendes cuando tus compañeros de la escuela o la gente del pueblo te dicen cosas que lastiman tus sentimientos? ¿Sientes resentimiento por el lugar donde vives?

Yo crecí en el *barrio* que se llama *El Rincón del Diablo*. Cuando entré al primer año de Preparatoria, el *barrio* se conocía como "El Tonto". Ese nombre era peor que *El Rincón del Diablo*, porque la gente me preguntaba, ¿Eres tonta?

Cuando te juzgan por el pueblo en el cual vives, no puedes escapar el estigma por los insultos que se usan para atacar tu vecindad. De jovencita, veía a personas inyectándose heroína en sus brazos en las esquinas de las calles. No había un centro para jóvenes como el Club para Niños (Boy's Club) ni el YWCA. Lo único que teníamos era la calle. Mi reto más grande cuando era joven era de no dejar que la calle me tuviera a mí. Ya para cuando yo entre al Colegio, yo ya había visto muchas cosas en la vida simplemente viendo lo que había en la calle. En cierta manera, antes de recibir mi diploma de la preparatoria y antes de graduarme de la Universidad, yo ya había recibido mi licenciatura de la escuela "Vida Dura".

He visto a las personas que venden drogas y están regalándoles las drogas a jovencitos para engancharlos. Una vez que los jóvenes se hacen adictos, los traficantes de drogas ya tienen una audiencia cautivada para que usen su producto, la droga. He visto como un trato de drogas puede ser desastroso y las vidas de los adictos se empeoran. Miré con mis propios ojos cuando apuñalaron 47 veces a mi amigo, Danny Salas. Su novia también murió. La encontraron muerta con agujas en sus brazos.

Recibí una gran educación, tanto dentro como por fuera de la escuela. Es una educación que no recomiendo, pero es una educación que lo hace a uno fuerte o lo debilita. Muchos jóvenes escogieron el odio, la violencia, el alcohol y la adicción a las drogas para poder tratar con un ambiente hostil. Algunos eligieron sentir resentimiento, tener desconfianza y ser paranoicos. Y otros escogieron el enfurecimiento, el aislamiento y el miedo para mantener la fuerza de la maldad acorralada.

Yo tuve la fortuna de tener a alguien compasivo cerca de mi. El le ayudó a mi mamá a que tratara con sus demonios porque él la quería mucho. El era mi padre y el consejero principal de mi madre. El era la persona más buena y más amorosa que jamás he conocido. Frecuentemente nos defendía de mi madre cuando de pronto se enfurecía y nos golpeaba, y él prevenía los golpes con su intervención. Mi padre creía que se podía encontrar razón y comprensión por medio de la comunicación. El no quería que sus hijas fueran simplemente esposas. El quería que fuéramos mujeres educadas e independientes. Sus creencias no eran las creencias tradicionales de la mayoría de padres Hispanos. El no quería que sus hijas fueran víctimas de su cultura. El nos amparaba lo más que podía y protegía tanto a mis hermanas como a mi. Estoy segura que a veces nos sobre-protegía y había veces cuando era muy misericordioso. Pero su amor, su compasión y su dulzura eran las pomadas perfectas para nuestras heridas sociológicas.

Estoy segura que tenía a sus críticos – incluyendo a mi

mamá. Yo siempre sentí que el creía que la sociedad debería de honrar mucho más a la mujer. Yo sentía que él no estaba de acuerdo con tratar a la mujer como si fuera segunda clase. Los tiempos han cambiado – hasta en mi pequeño *barrio* – pero muchas mujeres siguen sintiendo la opresión.

Las adolescentes siguen siendo un tópico muy popular tanto para las revistas como para los programas de televisión. Uno de los estudios más discutidos es el estudio científico conducido por la Asociación Americana de Mujeres Universitarias en 1990. Entrevistaron a 3,500 personas jóvenes entre las edades de nueve y quince años y encontraron una tremenda caída de auto-estima en las mujeres jovencitas durante su adolescencia a comparación a los hombres adolescentes. Las muchachitas deben ser princesitas que viven felices el resto de sus vidas con su príncipe azul; o las secretarias, las asistentes administrativas o las enfermeras que juegan un papel secundario en el negocio, o son las jefas ejecutivas del hogar.

Se les dice a las muchachitas que pueden hacer lo que ellas quieran hacer al igual que los hombres, así como ser congresistas, ser gerentes de un negocio, ser las reporteras principales de las noticias, o ser oficiales militares – pero a la misma vez reciben el mensaje que más les vale verse bien preciosas, delgadas y vestidas a la última moda. Los comerciales en la televisión y en las revistas demuestran que la mujer con éxito usa los cosméticos correctos, la ropa apropiada, el último estilo de mantener su pelo, y las zapatillas. No se puede creer que todavía se les dice a muchas jovencitas que ingeniería y matemáticas son materias muy difíciles para ellas, sin embargo, se les regaña porque tiran la pelota como una chica.

Los jovencitos también tienen sus retos en una sociedad donde se les obliga a confrontar situaciones en lugar de que sean más comprensibles. Se les obliga a ser más serios en lugar de ser comunicativos y a que sean más machos en lugar de que tengan compasión. También se les obliga a ser dominantes en lugar de aprender a colaborar. Así como las jovencitas, los jovencitos también tienen que tratar con las expectativas de quienes son, cómo deben actuar y qué es lo que deben realizar en la vida.

Una cosa tenemos de seguro, a todos se nos ha herido físicamente, emocionalmente y sicológicamente durante el proceso de nuestro crecimiento. Muchas de las cortadas y raspones ya sanaron. Algunas han tomado mas tiempo en sanar. Pero otras han dejado unas impresiones por vida. Lo que significa todo esto es que hay bastantes oportunidades de ayudar a las personas que sufren porque hay diferentes grados de sufrimiento.

Cuando yo pienso en el sufrimiento, pienso en lo que dijo la Madre Teresa:

> *Es muy posible que encuentres a humanos muy cercanos a ti quienes necesitan compasión y amor. No te abstengas. Demuéstrales sobre todo que sinceramente reconoces que ellos son el mismo Jesús ocultos en el disfraz del sufrimiento.*

Cuando tomas estas palabras a pecho, no puedes ser nada más, mas que ser una persona compasiva, amorosa y humilde al ayudar a otros. Me recuerda que debo permitir que mis mejores cualidades salgan a la superficie a pesar de las circunstancias que vaya a enfrentar o el tipo de persona con la que tenga que tratar día a día. Estoy completamente consciente que es difícil sentir compasión por alguien que te ha hecho un mal o quien te ha lastimado. No significa que tienes que tolerar lo que hacen o pretender que nada sucedió. Simplemente significa que debes ver su dolor, reconocer el daño que ellos mismos se han hecho y el daño que le han hecho a las personas a su alrededor. Ofrece lo más que puedas, tu simpatía y tu perdón, para tranquilizar su sufrimiento.

Me he dado cuenta que existe un paso cortito de la compasión a la humildad. Las dos cualidades vienen del

corazón y tienen el amor, la buena voluntad y gentileza como su cimiento. Ya que la humildad es una cualidad que es malinterpretada, aquí quiero explicarles mi perspectiva. Yo aprendí mucho de la humildad creciendo de niña en un *barrio*, pero también aprendí sobre el poder del liderazgo servicial y la humildad ejecutiva como una teniente coronela. Una cualidad que todo gran líder tiene.

> *Estimada Coronela Kickbusch,*
>
> *Al escucharla hablar me hizo sentir muy agradecida por tener una gran madre quien siempre esta 100% apoyándome. Mi sueño en cuestión a mi carrera es de ser Pediatra. Me encanta la idea de poderle ayudar a todos los niños chiquitos. Para mí, si yo le puedo ayudar a una persona cada día, me siento muy bien. Solo tengo 14 años pero mis amistades me dicen que soy más madura que mi edad. Si usted se queda en contacto conmigo, me gustaría platicarle la historia de mi padre. Ha de haber tenido mucha determinación para que usted pudiera alcanzar sus metas. Admiro mucho su determinación. Bueno, ya me tengo que ir así es que tengo que terminar esta carta. Espero que usted pueda leer mi escritura. Siga haciendo lo que esta haciendo. Usted es una gran inspiración.*
>
> *Sinceramente,*
> *Javiel*

Desafortunadamente, hoy en día la palabra humildad lleva una conotación negativa. La mayoría de las personas asocian esta cualidad reverente humana con una falta de agresividad, falta de confianza y con una baja auto-estima. Algunas personas creen que una persona humilde tiene un complejo de martirio. Asumen que la persona con humildad está dispuesta a sacrificar

todas sus necesidades por tal de ayudar a otros. Sin embargo, la verdadera humildad es cuando uno sabe cómo levantar las cargas emocionales de otras personas enseñándoles las virtudes de aceptarse a si mismo, de su integridad y de poder entender cuál es su lugar dentro del esquema de las cosas.

Las personas que practican la humildad, creen que todas las cosas trabajan juntas por el bien y de que hay un plan divino para todo. Estas personas tienen un concepto maduro de cómo ven los problemas y las decepciones. Hacen lo más que pueden cada día y aceptan las consecuencias de sus acciones.

Creo que Dios se da cuenta de nuestro sufrimiento y nos provee con la ayuda que necesitamos – si lo permitimos. También creo que ningún acto de compasión, de gentileza y de humildad es ignorado. Cuando le ayudas a alguien más, Dios lo sabe. Cuando alguien te ayuda a ti, Dios lo sabe. Tal vez has escuchado las expresiones, "lo que circula, se regresa" y "lo que cultivas, lo cosechas." Así es que, ¿Por qué no cultivamos la gentileza y compasión humildemente? Tal vez no heredes una fortuna como el sirviente de la historia, pero vas a heredar algo que no tiene precio. Vas a heredar "joyas" así como una paz interna, una satisfacción personal, la dignidad, y un sentido de justicia y de integridad. Te vas a sentir bien al ayudar a otro ser humano y te vas a sentir bien de ti mismo.

Una vez, mientras asistía una Conferencia de Mujeres Empleadas por el Gobierno Federal en Nueva Orleáns, yo me fijé en una señora desamparada sin hogar que se paraba en la misma esquina todos los días. Todos tenían la curiosidad de por qué se encontraba allí, pero nadie se le arrimaba. Yo decidí presentarme con ella y me dijo que su nombre era Molly. Molly luego me preguntó, "¿Qué no te da vergüenza platicar conmigo?" Yo le contesté que no y le pregunté, ¿Qué te gustaría hacer?" y ella me replicó, "A mi me gustaría desayunar en el Marriott." Era en el Marriott en donde se estaba llevando a cabo la conferencia y a mi me habían reservado una habitación presidencial así es que le pedí a que me acompañara al hotel. El

botones del hotel me detuvo y me preguntó sobre mi invitado. Yo le respondí diciéndole, "todos merecemos ser tratados con respeto." Creo que le tocó su alma porque nos encontró una mesa en un comedor privado. Cuando la mesera llegó a tomarnos nuestra orden, yo le presenté a Molly y ella le dijo, "Si, la he visto afuera muchas veces" y respetuosamente le dijo a Molly que sería un gusto servirle. Resulta que Molly fue una enfermera pediátrica y tuvo un ataque de nerviosismo, así es que no pudo seguir trabajando. Ella perdió su hogar y no podía recibir sus medicamentos porque no tenía un domicilio. Ella me dio el nombre de su hermano que vivía en Washington, D.C. Su hermano estaba feliz de haber sabido algo de ella. El dijo que nadie le quería ayudar a encontrarla porque ya era una adulta. El la esperaba con entusiasmo hasta que regresara de nuevo a su hogar. Molly había salvado las vidas de muchos niños. ¿En dónde nos encontrábamos nosotros cuando Molly nos necesitaba? Así es que cuando veas a alguien con necesidad, recuerda que nunca sabes que pueden ser la hija, la madre, el hermano o el hijo de alguien.

Ejercicios de Reflexión

1. La siguiente vez que conozcas o veas a alguien (a un compañero de clase, un maestro, tus padres, tu hermano o hermana, una cajera en la tienda, el cartero, etc.) toma el tiempo de verlos a los ojos y dales una sonrisa amigable, proyecta una actitud positiva con confianza, y mentalmente bendice a la persona. Al mismo tiempo, sin tener pena, dales un sencillo saludo diciéndoles, "hola" o "¿cómo estás?

   Te vas a sorprender de cómo la otra persona va a recibir tu cordialidad y tu hospitalidad mental. Este tipo de saludo especialmente les ayuda a las personas que necesitan ánimo, simpatía, o consejos. Sentirán tu compasión, tu bondad y tu paz dependiendo de tu estado mental y emocional y van a tener mas confianza en si mismos. Con sus propias habilidades, van a poder tratar con los retos de la vida.

   Mantén un diario de tus encuentros. Anota el tipo de persona con quien te encontraste y el tipo de ayuda que les diste. Tal vez comiences a ver que brota una profesión en ti, o por lo menos vas a poder mejorar dramáticamente la manera en que te comunicas y vas a mejorar tu habilidad de manejar las relaciones humanas. Todo esto se requiere para ser un lider.

2. Tu misma ofrécete la misma compasión que le das a otros. Para de juzgarte tan severamente. Pórtate mas amable contigo mismo y elimina los malos sentimientos que guardas hacia ti mismo, especialmente por cualquier error que hayas hecho. Mantente conciente de cómo te tratas, escucha los insultos que te dices, y cómo es que te sientes hacia ti mismo. Al final de cada día y de cada semana,

anota las veces que demostraste compasión por lo que otras personas están pasando, incluye las veces que tu mismo te demostraste compasión.

3. Practica un poco de humildad. Si alguien te platica sobre sus éxitos y sus grandes fortunas, simplemente escúchalos sin agregar tus propios éxitos. Si tienes la oportunidad, ayúdale a alguien a cargar su maleta pesada. Si tus padres o un amigo o amiga está cansada, ayúdales a que se acomoden en el sillón o en una silla y sé servicial por una hora trayéndoles lo que ocupen. Toma unos momentos cada día para agradecer todo lo que te rodea, sin importar que cosas tan grandes o pequeñas están a tu alrededor. Ayúdale a alguien que tiene menos fortuna que tú. Dale gracias a Dios por tus bendiciones. Si se enfrentan personas contigo que hacen daño, responde a su crueldad o a sus insultos viéndolos como regalos raspantes. Si tú rehúsas el regalo, entonces, ¿de quien va ser el regalo? Toma tu tiempo cuidando a alguien que está enfermo. Apúntate como su "servidor" por un tiempo.

Mira más allá de lo obvio y ve
la luz brillante de la bondad en todas
las personas que conozcas.

La gratitud desencadena la plenitud de la vida. Transforma lo que tenemos en lo suficiente y en más. Transforma la repudiación en aceptación, el caos en orden, y la confusión en claridad. Puede cambiar un platillo de comida a un banquete, una casa a un hogar, un desconocido a un amigo. La gratitud hace sentido de nuestro pasado, nos trae paz para el día de hoy, y origina una visión para mañana.

(Melody Beattie)

Toda la bondad, la belleza y el agradecimiento dentro del ser humano, le pertenece a la persona que sabe como expresar estas cualidades.

(Georgette LeBlanc)

Si la única oración que dices en toda tu vida es "Gracias", eso es suficiente.

(Meister Eckhart)

Capítulo 4
Gratitud

*Una dieta consistente de
"dar gracias"
puede transformar tu vida.*

Una condición de antemano para vivir saludable y alegre, es la condición de dar las gracias. Es uno de los ingredientes principales para nuestro crecimiento y nuestra madurez. Necesitamos dar y recibir una dosis de gracias todos los días para que nos fortalezca en contra de las decepciones causadas por la ingratitud y el egoísmo. Desafortunadamente, no podemos tomarnos una pastilla para protegernos de la ingratitud ni vacunarnos para protegernos

cuando las personas se aprovechan de uno o nos ignoran por completo. El dar gracias es una actitud, y las actitudes vienen de los principios centrales que filtran dichas actitudes.

En la obra musical, El Hombre de la Mancha, Don Quijote conoce a una mujer de la calle, una mujer alocada, perversa, y prostituta llamada, Aldonza. El hombre de la mancha la examina por un momento y luego anuncia que ella es una dama. Y le pone el nombre de, Dulcinea. Ella se burla de él con su carcajada y le asegura que ella no es ninguna dama.

A pesar de sus protestas, Don Quijote vé algo en ella, que ella no puede ver en ella misma. Él trata de darle una vislumbre de su esencia y carácter original y le pide que ella crea en si misma. Él insiste en que ella es una dama. Ella se ofende, y cree que él solo la quiere tratar de manipular. Ella extiende sus brazos insolentemente, casi exhibiendo sus pechos para demostrarle el tipo de mujer que es. Ella le dice a gritos de que ella solo es una sirvienta de la cocina y usa su enfurecimiento para enmascarar su dolor.

Ella es Aldonza, la que es "nada". No es Dulcinea. No es Dulcinea la princesa. Ella corre del escenario mientras que el señor de La Mancha le murmura detrás de ella que ella es su dama. Al terminarse la obra, Don Quijote se está muriendo. Él siente que su vida entera no ha servido de nada. Se considera un fracaso.

A su lado aparece Aldonza, Dulcinea. Se ha convertido en una dama preciosa, culta y distinguida por su docilidad. Don Quijote no la reconoce al principio, pero luego se da cuenta que ella es su Dulcinea. Ella le dice que la salvó de una vida mediocre. Convence a Don Quijote que la vida de él ha valido la pena y él tiene mucho mérito. Él fallece conociendo el poder de su influencia.

Así como la historia lo ilustra tan poderosamente, el expresarle gratitud a alguien puede tener un impacto profundo en él o en ella. Un acto de gratitud es como una piñata. Cuando se abre, hay muchas sorpresas adentro. Y usualmente todas las

sorpresas son buenas. Al tener la perspectiva de la piñata, entonces has entendido la esencia de dar gracias porque el agradecimiento rompe barreras y derrama buenos sentimientos en todos. Las gracias expande la luz en las relaciones.

El siguiente cuento del tierno amor y sensibilidad de una niñita hacia la situación difícil de su abuelita, demuestra la relación entre los actos bondadosos y los actos de gratitud. Vamos a ver si estás de acuerdo conmigo:

Érase una vez, una niña de cuatro años que se llamaba Lucía. Ella amaba a su abuelita quien ya era anciana, con arrugas y con pelo blanco. Su abuelita vivía con Lucía y sus padres en una casa grande situada en una colina.

Cada día el sol se asomaba por las ventanas del Éste de la casa, llenándola de luz y calor. La recámara de la abuelita estaba en el Oeste de la casa junto a un terreno cubierto de árboles. El sol no llegaba a su recámara.

Un día, Lucía le preguntó a su Papá, "¿Por qué el sol no quiere asomarse con mi abuelita, también?

"El sol trata, pero los árboles son muy altos," le explicó su Papá.

"Entonces hay que cortar los árboles," le contestó la niña.

"No podemos hacer eso, mi tesoro. Los árboles les pertenecen a los vecinos."

"Bueno, entonces hay que voltear la casa."

Su Mamá escuchó la plática y salió de la cocina diciéndole a su hija, "Nuestra casa está muy pesada."

"Costaría muchísimo en traer a un contratista que la mueva," divertidamente añadió su Papá.

"¿Alguna vez va a recibir el sol mi abuelita en su recámara?"

"Probablemente no mi querida. Solamente si tú puedes llevárselo," le dijo su Mamá simpatizando con ella.

Lucía trató lo mejor en pensar la manera de llevarle el sol al cuarto de su abuelita. Le pidió al sol que brillara con más intensidad. Le pidió a Dios que le ayudara. Le pidió a los árboles que crecieran menos, pero luego lo revocó porque no quería que los árboles se quedaran pequeños.

Luego pensó, tengo que llevarle unos rayos de sol a mi abuelita. "A mi abuelita le encantaba el sol cuando estaba chiquita como yo. Estoy segura que todavía le encanta hoy," dijo la niña en voz alta.

Una mañana se estaba desayunando y notó que el sol estaba brillando en su taza de chocolate. Cubrió la taza con su manita y corrió a la recámara de su abuelita.

"Mira, abuelita. ¡Mira! ¡Le traje la luz del sol!"

Cuando destapó la taza de chocolate, solo había chocolate caliente sin la luz del sol.

Arrugó su frente y salió de la recámara de la abuelita. Un poco más tarde esa mañana, notó un rayo de sol que estaba brillando encima de uno de los libros que había escrito su papá.

Corrió hacia el libro y plantó su mano en el libro y se apuró para llegar con su abuelita.

"¿Vez abuelita? Mira, te he traído la luz del sol"

Levantó su manita, pero el rayo de sol ya se había desaparecido.

"Hay abuelita, perdóname. Ahí estaba hace un minuto."

Su abuelita la acercó hacia ella y tiernamente le dijo, "Ay, mi querida niña, la luz del sol me llega por medio de tu carita angelical y se asoma por medio de tus ojos preciosos. Yo no necesito el sol de afuera cuando te tengo a ti."

Lucia no entendía como la luz del sol se asomaba por medio de sus ojos o de su cara, pero estaba muy alegre de que podía darle felicidad a su abuelita.

Desde ese día, siempre corría a ver a su abuelita en su recámara, y le pestañeaba sus ojitos para demostrarle su brillo. Luego veía como su abuelita le regresaba una sonrisa también pestañeándole y regresándole su propio brillo.

La gratitud le trae brillo a las relaciones. Una de las rutas más rápidas y directas para mejorar las relaciones con las personas es de demostrarles qué tan agradecidos estamos de ellos. Nunca esperes en demostrar tu agradecimiento a las personas por su sensibilidad, su habilidad artística, su talento musical, su atletismo, su ética de trabajo, y sus principios de familia. Agradéceles hoy mismo para evitar estar a la carrera. En la historia de Lucía y su abuelita, ambas demuestran su agradecimiento. Ellas no esperaron al sol de afuera. Ellas permitieron que alumbrara su luz interna.

Una manera en la cual puedes permitir que "brille tu sol" es por medio de un diario, un diario de gratitud. Luego te voy a describir los beneficios de escribir en un diario en más detalle al final de este capítulo durante los ejercicios de reflexión. Por hoy, quiero enfatizar que un diario de gratitud es una buena manera de recordarte de todo lo que tienes en este momento en lugar de enfocarte en lo que no tienes. No solo me estoy refiriendo a las cosas materiales así como joyas, carros, casas grandes o ropa diseñada.

Cuando uno mantiene un diario de gratitud, te ayuda a desarrollar una actitud de gratitud todos los días. Por ejemplo, escribe sobre el desayuno tan rico que te comiste hoy por la mañana, qué tanto disfrutaste tu taza de café o tu taza de té, el cumplido que recibiste cuando te dijeron que te veías bien, los cinco minutos que te ahorraste al manejar de la escuela al trabajo, la tarjeta postal que recibiste de tu amigo o amiga que estaba en vacaciones, los diez dólares extras que descubriste en tu mochila, la sonrisa que recibiste de alguien quien te admira. Anota en tu lista todas las cosas buenas que te suceden durante el transcurso de tu día normal.

Siento que necesito explicar una cosa sobre dar las gracias antes de que sigas leyendo. Quiero que sepas la diferencia entre sentir el agradecimiento por algo y sentir el agradecimiento en todas las cosas. No creo que las personas tengan que agradecer una enfermedad, una niñez con maltratos, una adicción a las

drogas, la pérdida de un trabajo, la traición de una amistad, ni el tener un divorcio. Pero sí creo que necesitamos mantener una actitud de agradecimiento en el pleno de una enfermedad, tratando con una niñez con maltratos, batallando con una adicción a las drogas, tratando con la pérdida de un trabajo, o tratando con la traición de una amistad. Me refiero a la gratitud por las lecciones que aprendemos por medio de nuestras experiencias.

> *Estimada Coronela Kickbusch,*
>
> *En nuestra familia, todas las mujeres han tenido a sus hijos a una edad muy joven. La persona más mayor en tener a su primer bebé tenia diecinueve años. Yo les sigo diciendo que yo voy a ser la primera en no repetir lo mismo y voy a ir a la Universidad. Mi mamá terminó la preparatoria pero las demás recibieron su diploma equivalente a la preparatoria o GED. Al verla a usted, y ver que usted recibió su beca completa para estudiar donde usted quisiera, eso me hace pensar que tal vez yo también puedo hacer lo mismo. Porque mi mamá no puede pagar por mis estudios universitarios. Espero que yo también pueda salir con éxito así como lo hizo usted. Bueno, solo le quería dar las GRACIAS por habernos inspirado con su presentación.*
>
> *Jennica*

Como una "graduada del *barrio*" o tal vez pueda decir como una "sobreviviente del barrio", no doy gracias por mis experiencias en el "barrio" sino que agradezco las lecciones que me enseñó ese ambiente. Tal vez haya vivido en el barrio, pero nunca fui del barrio si es que ser del barrio significa que yo merecía vivir en el. Por un tiempo fue mi domicilio fisico, pero nunca fue mi domicilio espiritual. ¡Yo vengo de Dios, y tú también! Tal vez tuve que pasar por el *barrio* para convertirme en lo que soy hoy, pero vengo de un Dios amoroso que quiere que todos sus hijos salgan con éxito sin importar que tan pobres hayan sido.

Tengo una cosa más que decirles sobre el diario de gratitud. Sugiero este proceso porque nos ayuda a cambiar nuestras actitudes a mantener una conciencia de agradecimiento, y atrae un pensamiento positivo en nuestros corazones. Cuando desarrollas una actitud de gratitud y comienzas a apreciar tus bendiciones, sin importar que tan pequeñitas sean, entonces has sobresalido en una jornada en el cual muy pocos jóvenes intentan hacerlo. La gratitud es un anuncio grandísimo que se repite varias veces en el camino hacia tu propio éxito. Tu boleto para esta jornada es tu diario de gratitud.

Sarah Ban Breathnach, la autora de su libro, Abundancia Sencilla: Un Diario de Bienestar y de Alegría *(Simple Abundance: A Daybook of Comfort and Joy)*, indica con este título lo que les acabo de decir. Ella escribe lo siguiente:

> *"El diario de agradecimientos tiene que ser un paso necesario en tu camino o no va a funcionar para ti. La sencillez, el orden, la armonía, la hermosura, la oración, y la alegría, son todos los principios que transforman tu vida y no van a brotar ni florecer sin la gratitud. Si quieres viajar esta jornada con éxito, usa el diario de agradecimiento. ¿Por qué? Porque simple y sencillamente no vas a ser la misma persona en dos meses después de haber dado las gracias concientemente cada día por las bendiciones que existen en tu vida. Habrás puesto en moción una ley antigua y espiritual: "Entre más tienes y agradeces, más recibirás."*

El mejor consejo que te puedo dar es de que mantengas el diario de agradecimientos y compruébalo tú mismo. Te digo por mi propia experiencia, una vez que comiences a pensar con agradecimiento, comenzarás a actuar con agradecimiento y te sentirás con agradecimiento. Vas a poder desarrollar una manera positiva de ver las cosas que te ayudarán a manejar las situaciones con mucho más confianza y con fe.

La gente que es malagradecida, tienden a quejarse de la vida y solo cultivan actitudes negativas. Cuando somos malagradecidos y estamos desilusionados constantemente, nuestro nivel de energía baja. Esto causa que carguemos nuestra fatiga como si fuera una sombra. Una de las peores reacciones que hieren a una persona que demuestra su bondad, es el no agradecer su bondad. Ser un malagradecido es un error costoso dentro de una relación. Así es que te pido que cultives un corazón agradecido, y mantengas el deseo de agradecer lo que otras personas hacen por ti.

En años recientes, el avance en las Ciencias Sociales nos ha ayudado a comprender colectivamente qué es lo que mantiene nuestra salud, nuestra felicidad, nuestra vitalidad y nuestra longevidad. Comprendemos que las personas que más oportunidad tienen de sobrevivir y prosperar son las personas quienes se adaptan y expresan los valores y los principios de los que ya hemos mencionado en este libro. Ahora ya sabes por qué quiero pasarte esta información. Quiero que tú sobrevivas. Quiero que tú salgas con éxito. ¡Quiero que tú sirvas a la comunidad!

Recuerdo la imagen del puente que abarca un gran cañón. Entre más peso tenga que aguantar el puente, más elementos se van a necesitar para sostener el puente y que no vaya a derrumbarse bajo el peso. Nosotros también debemos hacer lo mismo. Cuando tenemos que luchar para poder manejar las cargas pesadas llenas de tensiones y apuros, tenemos más posibilidad de estar sostenidos si nosotros ofrecemos apoyo y si recibimos apoyo de otras personas. Si no tenemos el apoyo,

entonces nos derrumbamos al no poder sostener las tensiones de la vida.

Cuando damos gracias por tener este tipo de apoyo, entonces tenemos una habilidad muy importante porque tenemos una oportunidad más grande de sobrevivir y salir con éxito. Esto mejora nuestras posibilidades porque la gente trata de ayudar a la gente que agradecen su ayuda. Uno puede recibir muchísimo con simplemente decir "Muchas Gracias".

Yo estoy comenzando a creer que el agradecimiento es un acto valiente. Estamos admitiendo que necesitamos la ayuda de otras personas. No podemos hacer todo solitos. Le demostramos a Dios que reconocemos que Él trabaja por medio de la gente mientras Él trata de ayudarnos. Yo creo que cada vez que le damos las gracias a un ser humano por habernos ayudado, le estamos dando las gracias a Dios por habernos puesto esa persona en nuestro camino para que nos ayudara.

Ejercicios de Reflexión

1. Las palabras "pensar" y "agradecer", están grabadas en muchas iglesias en Europa. Estas palabras deberían estar grabadas en nuestras mentes y nuestros corazones también. Tendríamos mejores oportunidades de salir con el éxito que deseamos si pensamos antes de hablar y si le damos gracias a Dios por nuestras bendiciones que recibimos diario. Piensa en diez (10) cosas de las que te has aprovechado esta semana. (Por ejemplo, tu mamá cocinó todas tus comidas, estás usando la ropa que tus padres te compraron, tu hermana o tu hermano sacó la basura por ti, llovió y no tuviste que cortar el césped, pasaste tu examen con altas calificaciones). Has una lista de las cosas que no agradeciste esta semana:

Ya que hayas completado tu lista, acércate a cada una de las personas que te ayudaron y agradéceles personalmente, por escrito o por medio del correo electrónico. Has una lista la semana que viene también y repite el proceso.

2. Cuando te sientas con el gran deseo de dar gracias esta semana, une tus manos y baja a tus rodillas para darle las gracias a Dios por todas tus bendiciones. Deja que tu gratitud termine en silencio por algunos minutos.

3. Cuando estés deseando estar en otro lugar este fin de semana o estar haciendo algo distinto, trata de apreciar el lugar en el cual te encuentras actualmente y aprecia quien eres. Cuando no apreciamos el lugar en donde estamos, simplemente es un mal hábito. Este hábito lo puedes eliminar hoy mismo.

4. Has una lista de 101 cosas que agradeces en la vida. Piensa en todo lo que puedas mientras te mantienes sentado por un rato. Si no puedes pensar en 101 en este momento, promete que lo harás.
Completa la lista en un día o dos. Lee la lista y piensa en cada una de las cosas que escribiste. Trata de recordar a las personas que están involucradas. Piensa en el lugar donde sucedió, cuándo sucedió el evento, cómo te sentiste, y cómo cambió tu vida. Guarda esta lista y sácala de vez en cuando especialmente cuando necesites una motivación.

La gratitud es un boleto para recibir más bendiciones.

La honestidad es la piedra angular del éxito.
(Mary Kay Ash)

La integridad implica que llegamos a ser todo lo que somos…implica actuar de manera conciente y determinada. Envuelve un compromiso total a quién somos y cómo somos.
(Ann Hillman)

Cuando somos honestos con nosotros mismos, debemos admitir que nuestra vida es lo único que en realidad nos pertenece. Así es que, es cómo usamos nuestras vidas lo que determina el tipo de personas que llegamos a ser.
(César Chávez)

Capítulo 5
Honestidad
e Integridad

En donde caemos depende de donde
nos pusimos de pie.

Una vez el director de una escuela decidió poner a prueba la honestidad de sus maestros, así es que los invitó al estudio y les hizo la siguiente pregunta:

"¿Qué harías si al ir caminando te encontrarías una cartera llena de dinero a un lado de la carretera?"

El director esperó a que todos contestaran.

"Se lo regresaría al dueño inmediatamente", exclamó un maestro.

Respondió muy rápido. ¿De verdad lo haría? pensó el director.

"Yo me quedaría con el dinero y lo donaría a una organización de caridad." Dijo otro.

Parece ser muy filantrópico. ¿A quién le donaría el dinero? Pensó de nuevo el director.

"Para ser honesto, jefe," respondió el tercer maestro, "Yo creo que al principio iba a tener la tentación de quedarme con el. Pero le pediría a Dios que me diera la fuerza de resistir esta tentación. Espero que haría lo correcto y lo regresaría."

¡Ahh! pensó el director. Aquí esta un empleado en el cual puedo confiar.

Como ya puedes ver, me gusta usar las historias para poder ilustrar mis puntos de vista. En esta historia, el director sabía la diferencia entre las personas que son como pericos y dicen lo que ellos creen que quieres escuchar y la persona que habla del corazón. Tal vez conoces personas que corresponden a estas dos categorías. Lo que uno debe recordar es que en lo que cae uno, depende de donde estuvo de pie. Te puedo decir sin ninguna duda que cuando uno está de pie al lado de la honestidad y la integridad, uno esta pisando un suelo sólido.

El *diccionario americano Webster* define la honestidad como "la habilidad de ser verídico, justo, sincero y honrado en lugar de ser falso y engañoso." La definición que se le da a integridad es: "rectitud, ser verídico con sus propios valores y creencias, rechazar comprometerse con fraude o decepción." Estas descripciones de honestidad e integridad son definiciones del libro, pero nos ha de recordar que estas características son más que palabras en papel. Son los comportamientos que escogemos que nos define como personas y define nuestras acciones.

Si pensamos en nuestras acciones antes de tiempo, y luego cumplimos con nuestras acciones basándonos en nuestras creencias y nuestros valores, es más probable que vamos a hacer lo correcto porque tomamos la posición de mantener nuestros principios. La ventaja de actuar con honestidad e integridad es que no vamos a tener que pagar las consecuencias por haber escogido una mala decisión. La honestidad y la integridad generalmente nos mantiene fuera de peligro, y las dos son cualidades personales que ayudan a formar nuestra reputación.

Cada día, conocemos a personas y mantenemos un contrato social en donde se intercambia información, actitudes e impresiones. Entre más intercambios experimentamos, más aprendemos de la gente y más aprende la gente de nosotros. Con el tiempo se va desarrollando nuestra reputación. Cuando se trata de nuestros pensamientos, nuestras palabras y nuestras acciones, podemos decir la verdad y mantener las promesas y los compromisos que hemos hecho. Si no las mantenemos, entonces nos estamos malinterpretando y nos convertimos en personas deshonestas y nadie quiere depender de nosotros. Somos los que escogemos.

Si permanecemos ser verídicos a nuestras creencias y nuestros valores, entonces encontraremos que las personas,

- ❖ Van a tenernos confianza
- ❖ Pueden depender de nosotros
- ❖ Saben que somos responsables por nuestras acciones
- ❖ Creen en lo que decimos
- ❖ Pueden contar con nosotros
- ❖ Saben que mantenemos nuestra palabra

En otras palabras, vamos a lograr una buena reputación, y esa reputación trae relaciones fortalecidas, nos trae alianzas comerciales, y una gran satisfacción y paz interna. La gente, ya

sea nuestra familia, nuestras amistades, nuestros compañeros de escuela, maestros, consejeros, o comerciantes, prefieren tratar con una persona honesta que con una persona a quien no le tienen confianza. Esto es un hecho de la vida.

Piensa en tu propio círculo de amistades o personas con las que has tenido que tratar fuera de la familia o la escuela. ¿En quién tienes confianza? ¿Hay alguien en quien desconfías? ¿Conoces a alguien con quien no puedes contar o que es irresponsable? ¿Alguien desconfía de ti por alguna razón? ¿Qué tipo de reputación tienes? ¿Cuántas personas dirían que tú tienes integridad?

Sin titubear te puedo decir esto: con una sola vez que seas deshonesto, que no puedan tenerte confianza o que no puedan depender de ti, las personas a tu alrededor comienzan a perder la confianza en ti. Si uno los decepciona una segunda o tercera vez, entonces pierden toda confianza en ti.

El ser honesto todo el tiempo no es fácil. Toma mucha disciplina para poder proteger tu reputación. Por ejemplo, el tener que ser honesto requiere que tengas táctica y que seas diplomático mientras hablas con la verdad. A veces significa que tienes que decirle a la gente lo que tal vez no quieran escuchar. A veces tienes que admitir cosas que no quieres divulgar. Ocasionalmente, tu honestidad puede que ofenda a tus amistades que creen que eres demasiado honesta.

Cuando los estudiantes me preguntan lo que deberían hacer sobre su honestidad especialmente cuando saben que la verdad va a ofender a alguien, yo les digo que es mejor sentir la incomodidad con la verdad ahora mismo que sentir ser la víctima de una mentira después. Camryn Manheim, la actriz que se ganó el premio Emmy por el programa popular, La Práctica *(The Practice)* incluye un cuestionario de honestidad en su libro ¡Despierta, Estoy Gorda! *(Wake Up, I'm Fat!)* Una de sus preguntas es: "¿Te dices la verdad…o te mientes?"

Ella tiene muy buen punto. Te dices, "Soy una persona honesta". Pero luego dices una mentira minutos después. Te dices, "Cuido mi cuerpo muy bien". Luego abusas de tu cuerpo tomando drogas o tomando alcohol. Alguna vez has dicho, "Valoro la educación". Pero luego, ¿Faltas a la escuela por varios días?

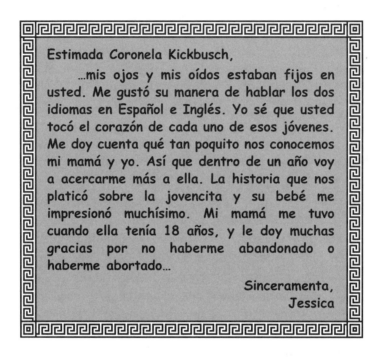

Estimada Coronela Kickbusch,

...mis ojos y mis oídos estaban fijos en usted. Me gustó su manera de hablar los dos idiomas en Español e Inglés. Yo sé que usted tocó el corazón de cada uno de esos jóvenes. Me doy cuenta qué tan poquito nos conocemos mi mamá y yo. Así que dentro de un año voy a acercarme más a ella. La historia que nos platicó sobre la jovencita y su bebé me impresionó muchísimo. Mi mamá me tuvo cuando ella tenía 18 años, y le doy muchas gracias por no haberme abandonado o haberme abortado...

Sinceramenta,
Jessica

¿Eres honesta contigo misma honrando la relación que tienes con tus amistades, te adhieres a tu dieta y al régimen de hacer ejercicios, mantienes tu palabra, asesoras tu futuro, desarrollas tus metas, y mantienes una perspectiva madura de la vida? ¿Cuando pides dinero prestado, se lo pagas a quien te lo prestó a tiempo? ¿Cuando estás discutiendo a donde ir y qué hacer con tus amistades, ellos saben qué es lo que tú piensas sobre temas importantes? ¿Les dices tu opinión aunque tal vez te hagan burla o te excluyan de una actividad? ¿Pretendes ser algo que no eres y esperas que la gente te crea?

Aquí está una historia verídica sobre dos personas que se representaron deshonestamente.

Rob Pilatus y Fabrice Morvan eran músicos guapos, musculares y talentosos. Les gustaba bailar y entretener a sus audiencias con rutinas magníficas. Vendieron millones de sus discos y se ganaron el premio Grammy como los mejores artistas nuevos en enero de 1990. Milli Vanilli llegaron a la cumbre del mundo musical. ¡Estaban ARDIENDO!

Durante una de sus presentaciones, algo le sucedió al equipo de sonido. La cinta que llevaba toda la composición musical, se enredó. Los cantantes de Milli Vanilli no pudieron continuar en vivo porque las voces en la cinta no eran las voces de ellos. Las composiciones vocales que las audiencias adoraban eran las voces de los artistas de estudio, Brad Howell y John Davis. Rob Pilatus y Fabrice Morvan habían estado sincronizando todo el tiempo. Falsamente habían estado cantando cada canción.

Por si acaso tienes curiosidad, otros grupos de cantantes graban sus propias voces cuando tienen que cantar y bailar como parte de la rutina. Sin embargo, en el caso del grupo Milli Vanilli, eran otros dos cantantes los que estaban grabando las canciones mientras que Pilatus y Morvan recibían todo el reconocimiento, todo el crédito y las ganancias.

Cuando se comenzó a investigar más el incidente, las autoridades encontraron que Pilatus y Morvan eran unos vocalistas terribles, y tanto su gerente como su productor rehusaron exponer sus voces. Les sugirieron que sólo tocaran sonidos instrumentales. Los despidieron. Poco después, todos se dieron cuenta de cómo estaban engañando al público cuando se expuso la falla del sonido. Por primera vez en la historia de los premios Grammy, se les retiró el premio prestigioso.

¿Cómo fue que dos músicos con tanto talento se hayan metido en este problema? La revista Time reportó que, "Estaban viviendo una vida marginalizada en un proyecto residencial de Munich cuando en 1988, Farian (el productor), le ofreció a cada uno $4,000 más las regalías si se dejaban ver, pero no ser escuchados como Milli Vanilli."

Después del escándalo, trataron de retornar a su fama, pero no pudieron reconquistar su audiencia ni recuperar su reputación. Se transmitió la biografía sobre la subida y caída de Milli Vanilli en "Detrás de la Música" *(Behind the Music)* en VHI. En 1998, Rob Pilatus falleció a la edad de treinta y dos años, aparentemente de una sobredosis de drogas y alcohol en Frankfurt, Alemania. Fabrice Morvan comentó en las noticias de E! Online, "Estoy sintiendo un pesar y un dolor tremendo al escuchar las noticias de mi amigo y hermano, Rob. Siempre será parte de mi. Batallamos juntos y prosperamos juntos. Lo único que queríamos hacer era ejercer con la música."

Sus aspiraciones no fueron la causa de su fracaso. Milli Vanilli escogieron ser deshonestos y pretendieron ser algo que no eran. Desafortunadamente, todo el éxito, el reconocimiento y el dinero que recibieron fue por medio de una mentira, y eso fue lo que les detuvo su carrera.

La falta de honestidad causa que se terminen las relaciones también. Puede echar a perder la cercanía de la familia y de las amistades. Los efectos negativos del engaño pueden cambiar las opiniones de las personas hacia el que está engañando y puede arruinar reputaciones. Una vez que la deshonestidad ha dejado su estampa en una relación, cualquier relación, la jornada es muy larga para poder recuperar la confianza, el respeto, y la credibilidad que se han perdido. A veces nunca se reconquista la confianza.

Un comentario que escucho mucho en las escuelas es la siguiente: "Todos mienten, y no tiene nada de malo siempre y cuando que nadie salga lastimado." Otro comentario que escuché fue: "Mentir no es un crimen, al menos que lo sorprendan. Mira lo que sucedió con Enron y Arthur Anderson. Ellos estuvieron mintiendo por años antes de que fueran sorprendidos. Todos sabían, pero nadie hizo nada hasta que ya era muy tarde."

Yo entiendo los sentimientos de estos estudiantes, pero la manera de hacer las cosas sin escrúpulos no justifica las ganancias al final. ¡Nunca lo será! Es una desgracia que personas deshonestas se salen con la suya cuando usan el engaño. Pero creo que ellos pagan con el precio emocional, físico y espiritual cada vez que malinterpretan la verdad. También creo que tarde o temprano van a obtener el fruto de su trabajo, "quien siembra viento cosecha tempestad."

La deshonestidad te puede traer muchas cosas: Tal vez una "A" en un examen, pero no podrás dormir con tranquilidad; una cita, pero no una relación duradera; elogios, pero no el respeto; sacarte de un apuro, pero sin paz en la mente; simpatía, pero no el auto-estima; sacarte de una mentira previa, pero no te podrá sacar de una mala reputación.

Te animo a que vivas una vida llena de honestidad e integridad porque lo único que tienes, es tu reputación. Una buena reputación es como una flor. Para que la flor pueda crecer debidamente, tiene que recibir agua y alimento, tiene que recibir cierta cantidad de luz, y cambiarla de maceta a su tiempo adecuado. Lo mismo sucede con tu reputación. Nutrir tu reputación con honestidad e integridad es un requisito diario. Alimentándolo con la verdad, sinceridad y autenticidad causará que crezca tu reputación como un intenso testamento de la fortaleza de tu persona.

Ejercicios de Reflexión

1. Pon a prueba tu honestidad e integridad. Contesta honestamente completando las siguientes declaraciones:

   Estoy perfectamente satisfecho con

   Encuentro que yo ya no puedo

   Me arrepiento que no he podido

   Finalmente encuentro la paz con

   Lo que deseo haber hecho más es

   Para mí el alcohol y las drogas son

   El mejor consejo que les puedo dar a mis compañeros es

   Lo que más tengo que cambiar en mi misma es

   Estoy mas orgullosa de mi misma cuando

   Cuando escucho chismes que lastiman a otra persona, yo

   Deseo que mis padres/mis padres guardianes/adoptivos/mi madre/ mi padre

   Deseo que pudiera

   Reflexionando en mi vida, yo he aprendido que

2. Interpreta la siguiente citación atribuida a George C. Lichtenberg: "La más peligrosa de todas las falsedades, es la verdad poco distorsionada."

3. Anota cinco cosas que te gustaría poder ser más honesto cuando te la pasas con tus amistades.

4. ¿Si eres bastante honesto para admitirlo, qué cosa te gustaría cambiar de ti mismo que tal vez pueda alejarte de tu grupo de amistades? ¿Si eres muy serio con pocas amistades, qué cosa cambiarías de ti mismo que tal vez iba a atraer más amistades hacia ti?

5. ¿Qué es lo que en realidad quieres ser cuando crezcas?

Ve a la gente tanto por dentro

como por fuera.

Confianza es valentía serena.

(*Daniel Maher*)

Ofuscados por la complejidad tambaleante y por la velocidad peligrosa de nuestra vida moderna, nos hemos desterrado de nuestra confianza y seguridad indecisa de la vitalidad de estar en contacto con el centro profundo de nuestra integridad.

(*Michelle Levey*)

La motivación casi siempre vencerá al puro talento.

(*Normal Augustine*)

Capítulo 6
Motivación
y Confianza

Las personas exitosas tienen mucha más fuerza de voluntad que falta de voluntad.

Jennifer Lindsay, una joven de veintiún años de edad y virtuosa del violín quien se ganó el premio de la revista Essence en 1999, severamente sufrió la falta de oxígeno cuando nació y la dejó con daño cerebral. Los doctores le dijeron a su madre que Jennifer jamás iba a ser normal y que era una candidata para ser internada en una institución. Los doctores no comprendían que su madre tenía mucho más fuerza de voluntad que falta de voluntad, y la niña Jennifer había heredado el mismo gen.

Su mamá dejó su trabajo de maestra de secundaria para dedicar todo su tiempo para cuidar a su hija. A la edad de tres años, Jennifer ya estaba leyendo al nivel de segundo año. A la edad de cinco años, ya estaba tocando el violín muy bien. Lo tocaba tan bien que la consideraban como una persona dotada.

A la edad de trece años, Jennifer estaba sobresaliendo en sus cursos universitarios y a la edad de dieciséis, su calificación en el Examen de Aptitud Escolástica (SAT) fue de 1560 de 1600 puntos.

¿**Q**ué hubiera sucedido si su Mamá hubiera creído en el prognosis inicial del doctor? ¿Supongamos que hubiera sentido tanta lástima hacia la incapacidad de su hija y que se hubiera rendido antes de haber comenzado? Imagínate si no se hubiera dedicado al crecimiento y desarrollo de su hija durante esos primeros años tan críticos. ¿Qué tal si no hubiera llevado a Jennifer con doctores especializados y con expertos en el desarrollo de la niñez? ¿Qué tal si no hubiera educado a Jennifer en su hogar con un cuidado amoroso, viendo una posibilidad tremenda dentro de una niña incapacitada? ¿Supongamos que haya sido negligente en motivar a su hija para ser todo lo que ella pudiera ser, a pesar de las complicaciones al nacer?

La historia de Jennifer no termina. Ella es tutora de música para otros estudiantes, ella realiza presentaciones musicales en las iglesias, en asilos para ancianos, y en otras organizaciones. Ella es una joven motivada y con mucha confianza. Ella es el producto del amor y el espíritu invencible y audaz de su orgullosa madre. Su historia nos demuestra lo que podemos hacer cuando alguien suficientemente cree en nosotros para poder ver nuestras propias posibilidades. La confianza y seguridad que tenía la mamá de Jennifer en la habilidad de su hija se transmitió. También se penetró su generosidad, su perseverancia y su bondad. Jennifer fue transformada porque su madre creía en el valor de su hija como ser humana. Ella creía que su hija merecía tener su lugar en este mundo. Ella no aceptó nada menos que la felicidad, la salud y la productividad para que su hija creciera a ser una mujer capaz.

Jennifer me recuerda a una obra musical muy conocida que tuvo su comienzo en la mitología griega. Tal vez la estudiaste en la escuela pero vale repetirse porque apropiadamente concuerda con la historia de Jennifer.

> *Pigmalión, el Rey de Cyprus, era un gran escultor. Un día cinceló una estatua de una mujer joven y hermosa de su pura imaginación. Ninguna mujer la podía modelar, ninguna mujer se podía comparar. El joven rey se enamoró de su propia creación, y estaba tan impresionado que pasaba todo su tiempo contemplándola y pensando en ella.*
>
> *El deseaba que fuera una mujer verdaderamente de carne y hueso, pero el sabía que había sido creada de marfil. Enfermo de amor, Pigamalión anheloso invitó a Afrodita la diosa de la belleza, amor y fertilidad. Le suplicaba que le diera vida a la estatua. Aunque ella estaba renuente en hacerlo, Afrodita le concedió el deseo al rey y le dio vida a la estatua.*

Basándose en esta fábula, el dramaturgo George Bernard Shaw escribió Pigmalión para el teatro. Tal vez la recuerdas como el musical agradablemente narrada en My Fair Lady. En la versión del escenario, el Profesor Henry Higgins da clases de fonética y conoce a la persona perfecta para poner a prueba su especialidad, la jovencita Eliza Doolittle que vende flores y es una malhablada con un acento vulgar londinense.

El Profesor Higgins cree que con la fuerza inmensa de su habilidad como maestro y su gran fuerza de voluntad, va a poder transformar a una pobre vendedora de flores en una dama impresionante. Así como el rey de Chípre, triunfa por sus esfuerzos y logra transformar a la jovencita renuente que vende flores, en una dama radiante. Y para añadirle a esta conmoción, Eliza comienza a creer en ella misma. Se convierte en una dama por dentro así como por fuera, en su manera de ser, de vestir y de comportarse.

Muchos sicólogos, sociólogos y científicos de comportamiento han sabido por años los beneficios de condicionamientos y expectativas. El sociólogo y profesor de la Universidad de Columbia, Robert K. Merton, fue el primer investigador científico en crear la frase "profecía realizada de los propios deseos." El tenía la teoría de que cuando una persona con influencia espera que la otra persona se comporte de cierta manera, el comportamiento de esa persona tiende a alcanzar esas expectativas.

El psicólogo de Harvard, Robert Rosenthal, extendió la noción de Merton y lo nombró el "Efecto de Pigmalión" en honor al Rey mítico de Chípres. Su investigación científica puso a prueba que las personas tienen el efecto de vivir de acuerdo a las expectativas que se le presentan. También descubrieron que cuando las personas aprenden que son capaces de desempeñarse de acuerdo a las expectativas, entonces comienzan a desarrollar una confianza dentro de si mismos que fortalece aptitudes nuevas. Entre más satisfacen las expectativas, ya sea positivas o negativas, más se fortalecen sus propios resultados.

Aunque no podemos convertir una estatua de marfil a un ser humano, sí podemos transformar la visón estática que las personas tienen de si mismos para que puedan descubrir y darle honor a sus talentos, aptitudes y habilidades que tal vez no sabían que tenían, así como lo hizo la Mamá de Jennifer. Cuando demostramos confianza a las aptitudes de las personas, esa persona se va a sentir mucho más segura de si misma.

Cuando existe una falta de confianza, esta actitud nos roba de un tremendo número de oportunidades donde podemos exponer nuestro talento y crecimiento. Desanima nuestros logros y le pone una barrera a nuestra creatividad. Si tú estas entre el grupo de jóvenes que no sienten confianza, no sienten una seguridad hacia ustedes mismos, entonces este capítulo esta escrito para ti y esta dedicado hacia ti mientras te conviertes en una persona con mucha confianza y con carisma.

Mi objetivo con este capítulo es de demostrarte como

puedes aumentar la confianza que se encuentra durmiente en ti mismo y como usarla para aumentar el nivel de satisfacción que sientes sobre tu habilidad de hacer cualquier cosa que tu mente desea. Todos hemos sentido inseguridad alguna vez. Pero es importante ser quienes somos. Charles Schultz hizo un trabajo absoluto capturando estos sentimientos usando la caricatura muy famosa del personaje Charlie Brown.

En una tarde, Charlie Brown, Linus y Lucy están recostados en una colina mirando las nubes.

Lucy dice, "Si usan su imaginación, ustedes pueden ver muchas cosas cuando las nubes se forman. ¿Qué es lo que miras Linus?"

"Bueno. Esas nubes se parecen al mapa de Honduras Británica en el Caribe. Aquella nube se parece al perfil de Thomas Eakins, el famoso escultor y pintor. Y esas nubes amontonadas me dan la impresión del apedreamiento de Esteban. Puedo ver al apóstol Pablo parado a un lado."

"Ah, que bien. ¿Qué es lo que tu vez Charlie Brown?" le pregunta Lucy a Charlie Brown.

Charlie Brown le responde en su típica manera vergonzosa, "Bueno, iba a decir que miré un patito y un caballito, pero ya cambié de opinión."

Hay mucha verdad en esta historia graciosa. Muchas veces escondemos nuestros verdaderos pensamientos y sentimientos porque tenemos miedo de ser criticados y ser traspasados por personas o grupos con los que queremos tomar parte. El actor Hector Elizondo comparte una historia de su niñez sobre su jornada de ser un niño enfermizo, temeroso, y débil mientras alcanzaba llegar a una posición de ánimo, confianza y valor. El explica:

Yo ya no quería tener miedo así es que utilice mi propia iniciativa. Superé mis temores y completamente me reinvente

físicamente, trabajando muy duro y fortaleciéndome. No sentía una confianza en mi mismo, y yo sabía que tenía que tener más confianza. Un grupo de jóvenes traviesos que buscaban pleitos siempre me buscaban... Después de haber sido humillado por la catorceava vez, me defendí. ¡Y gané la pelea! Yo entendí que tenía que ser valiente y que a veces alguien o algo te motiva a ser valiente.

El tener confianza en si mismo es como un músculo. Necesita ser fortalecido y tiene que recibir ejercicio todos los días. Sino, comenzamos a buscar excusas para explicar por qué no podemos hacer algo. Inventamos razones para esconder nuestra falta de confianza. Las personas que no tienen confianza en si mismos usualmente ven cosas que no son y se convencen de que no tienen la aptitud o el conocimiento para ser exitosos.

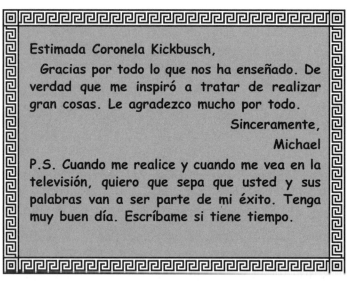

Estimada Coronela Kickbusch,

Gracias por todo lo que nos ha enseñado. De verdad que me inspiró a tratar de realizar gran cosas. Le agradezco mucho por todo.

Sinceramente,

Michael

P.S. Cuando me realice y cuando me vea en la televisión, quiero que sepa que usted y sus palabras van a ser parte de mi éxito. Tenga muy buen día. Escríbame si tiene tiempo.

Quiero compartir otra historia. Se trata de un psicólogo de laboratorios que está aterrorizado, y demuestra como nuestra falta de confianza nos lleva a suposiciones falsas. Aparece en el libro muy interesante de William Haney, *La comunicación y las Relaciones Personales.*

De acuerdo a Haney, un psicólogo tenía a sus ratones blancos en el ático del edificio universitario del departamento de psicología en el cual hacía sus estudios científicos. Una tarde, el psicólogo descubrió que varios de sus ratones se habían escapado de sus jaulas. Algunos estaban muertos y en parte, comidos. Inmediatamente recordó que algunos meses atrás algunos estudiantes habían reportado que habían visto ratas salvajes en el edificio. Habían puesto trampas pero no pudieron atraparlos.

Comprendiendo el peligro que representaban las ratas salvajes, el psicólogo rápidamente bajó para recoger una raqueta de tenis que había visto anteriormente. Al regresar al ático con la raqueta de tenis como un arma, con consternación miró a una rata salvaje y gris muy sentada directamente en frente de una de las jaulas. La rata parecía que estaba temblando. El psicólogo cautelosamente tomó unos pasos más hacia la rata para mejorar su puntería, y luego lanzó la raqueta de tenis hacia la rata desafiante. Cuando la rata no se movió, el psicólogo se enojó y le tiró un libro. (¿Qué manera tan horrible de tratar un libro, no crees?) Cuando la rata ni siquiera se meneó, el psicólogo enfurecido comenzó a estampar sus pies, a menear sus brazos e hizo todo el ruido que podía hacer mientras se le iba encima a la rata, solo para descubrir que en lugar de una "rata" era un pedazo de papel gris arrugado.

Su previa creencia de que existían ratas salvajes que andaban correteando frenéticamente, contribuyó a su suposición de que el pedazo de papel gris era una rata caníbal. El esperaba ver a los ratoncitos blancos saludablemente en sus jaulas. Cuando miró a los ratones muertos fuera de sus jaulas, naturalmente supuso que los habían matado sus primos grises y salvajes. Supuso que el papel arrugado debió haber sido una de esas ratas salvajes traidoras.

En este ejemplo cómico de engañarse uno mismo, se encuentra uno de los aspectos más fascinantes de la naturaleza humana. Vemos lo que esperamos ver, y lo que esperamos ver es lo que la mente racional hace para eliminar o reducir la ambigüedad y la incertidumbre. Para hacer sentido de nuestra experiencia, buscamos una conclusión inmediata para nuestros problemas aunque la conclusión sea de alucinaciones.

Nuestra mente está literalmente bombardeada con mucho estímulo, así es que nuestros cinco sentidos automáticamente escogen a lo que le quieren poner atención y basamos nuestras suposiciones en lo que interpretamos de esos cinco sentidos. En términos del comportamiento humano, el ojo puede maniobrar aproximadamente cinco millones de pedacitos de información por segundo. ¿Qué incredible verdad? Es inevitable seleccionar, porque vemos lo que queremos para proteger nuestra propia vista del mundo. La gente que tiene falta de motivación o falta de confianza en si mismos, solo ven las barreras y buscan razones para justificar por qué no pueden hacer algo. Así como el psicólogo del laboratorio, suponen lo peor.

Cada vez que tratamos de hacer algo nuevo o algo que tenga sus retos, va a tener riesgos y vamos a tener que estar afuera de nuestra zona de comodidad. Algunas veces vamos a tener que estar muy lejos de nuestra zona de comodidad. Algunos ejemplos de situaciones nuevas que ponen a prueba nuestra confianza en nosotros mismos son el conocer a personas por primera vez o enfrentar un obstáculo difícil. Pero aprendemos de la experiencia. Aprendemos nuestras habilidades y nuestros límites, nuestros gustos y disgustos, nuestras fortalezas y debilidades.

Todos sufrimos diferentes grados de falta de confianza en uno mismo. Nadie es perfecto y nadie tiene un monopolio en valentía. La llave para aumentar la confianza en uno mismo es de reconocer lo que haces muy bien y tomar ventaja de tus talentos manteniéndolos positivos, afirmar lo especial que tú

eres, y adaptar actitudes para enriquecer tu propio espíritu que expande tu fortaleza.

¿Qué imágenes, sentimientos, pensamientos o memorias se te vienen en mente cuando lees esta palabra: *espanto*? Significa miedo, susto, aterrorizado, pánico, ¿correcto? Ahora, qué sucede cuando vez la palabra *santo*? Significa sagrado, bendecido, celestial y exaltado, ¿correcto?

Estas palabras tienen significados muy diferentes; sin embargo, tienen letras en común. La única diferencia son dos letras la "e" y la "p" a los lados de la "s". Pero qué gran diferencia tiene el significado. Yo creo que cuando uno hace un cambio pequeño en la manera de pensar uno no solo puede transformar momentos espantosos por momentos sagrados, sino que también puede transformar el *"carecimiento"* de confianza al *"crecimiento"* de confianza.

El escritor Americano muy reconocido, Henry David Thoreau, ofreció unos consejos excelentes sobre el tópico de tener confianza en si mismo, sin importar lo que dictan nuestras dudas y nuestros temores. El decía que si avanzamos con confianza en la orientación de nuestros sueños, y tratamos de vivir el tipo de vida que nos da felicidad y satisfacción, entonces comenzaremos a tener un éxito inimaginable. Estoy de acuerdo con esta afirmación porque he sido testigo de miles de jóvenes que cambiaron su falta de confianza a pesar de sus dudas y temores y se realizaron en las áreas que habían escogido. También puedo prometerles que si una jovencita criada en el *barrio* de *El Rincón del Diablo*, pudo realizarse a pesar de la desigualdad, entonces, ¡tú también lo puedes lograr!

No quiero parecer severa, pero tengo muy poca tolerancia cuando observo la actitud de, "No puedo salir adelante por el lugar en el cual vivo." Tony Anaya creció en una casita de adobe con una recámara en el norte de Nuevo México. Logró ser el gobernador del estado. La película "De Pie y Entregando" *(Stand and Deliver)* fue basada por la inspiración de un maestro,

Jaime Escalante. Él motivaba a los estudiantes de la escuela Garfield-Roosevlet en el *barrio* del este de Los Ángeles a que se superaran a un nivel increíble de ejecución. El actor Anthony Quinn cuenta que creció en una choza pequeñita que estaba en una loma de un plantío. Ninguna de estas personas usaron el lugar en el cual vivieron como una excusa para fracasar.

Recuerdo a una consejera de la escuela que se rió de mi cuando le dije que quería ir al Colegio Universitario. La consejera me dijo que todas las jovencitas de mi "lado del pueblo" servían solo para una cosa, ¡hacer bebés! Recuerdo haberme sentido muy avergonzada y furiosa. Mi padre me había animado a siempre pedir una segunda, tercera o cuarta opinión si lo necesitaba, pero que siempre tuviera mi perseverancia. Yo seguí el consejo sabio que me dio mi padre y decidí que yo sí era una persona que podía ir al Colegio Universitario, y cuando llegara el día en que conociera al hombre justo con el quien me fuera a casar, entonces tendría los hijos que la consejera insensible había pronosticado. Tengo el orgullo de decir que tengo cinco hijas, y también logré tener mis dos licenciaturas de la Universidad. La rudeza y la indiferencia de la consejera, me motivó a preguntarme, ¿qué era lo que en realidad yo quería de la vida? Aprendí que nadie sabe bastante sobre tus habilidades y tus posibilidades para decirte que tú no puedes salir con éxito en ciertas áreas de interés. La *única* persona quien *lo* puede determinar eres tú. Yo decidí que nunca nadie ni ninguna experiencia va a determinar la calidad de mi vida.

Eleanor Roosevelt una vez dijo, "Nadie te puede intimidar sin tu consentimiento." Yo también creo que nadie te puede motivar sin tu consentimiento. Así es que te animo a que le otorgues el consentimiento a la increíble ventaja que tienes sobre todos los demás, simplemente siendo tú. Nadie más puede ser exactamente como tú. Pueden tener talentos y habilidades similares a ti, pero nunca van a tener el potencial que tú tienes.

Las buenas noticias son que tú no tienes que ser la persona más inteligente del mundo, pero si debes tener el deseo, el anhelo y la persistencia. Tienes que decidir que te vas a convertir en una persona que está destinada a realizarse, sin importar lo demás. Tienes que desarrollar una cualidad de seguir adelante cuando recibas críticas tóxicas y cuando las cosas se dificulten. Puedes triunfar trabajando duro y con mucho más confianza tomando un paso, un pensamiento positivo, una alternativa a la vez.

Ejercicios de Reflexión

1. Escoge una palabra o una frase con un tema por una semana o por un mes. Usa palabras así como: éxito, felicidad, mantener positivismo, superación, vivir con confianza, practicar humildad, honestidad, agradecer, demostrar respeto, etc. Toma de 5 a 15 minutos al final de cada día pensando sobre la palabra y cómo fue que experimentaste la palabra durante el día. Anota tus pensamientos en una libreta o en tu diario.

2. En una tarjeta de 3 x 5 u otro papel similar, describe un adjetivo de cómo quieres que sea el día de mañana. Escoge adjetivos positivos que afirman tu vida. Así como:

divertido	sin amenazas
artístico	con nutrición
beneficioso	paz
creativo	productivo
decisivo	rejuvenecimiento
enriquecido	descanso
satisfecho	provechoso
lleno de alegría	espectacular
feliz	exitoso
alegre	voluntario

3. Mientras consideras qué quieres ser cuando crezcas, qué carrera te gustaría disfrutar y qué vida te gustaría vivir, completa las siguientes declaraciones:

Yo me veo como una persona que:

Yo me veo disfrutando una carrera en:
porque:

Lo que más me motiva es:

Comprendo que necesito desarrollar mi confianza y mi habilidad de:

Comprendo que necesito eliminar:

Si yo pudiera hacer las últimas dos cosas mencionadas anteriormente, yo sería:

Una persona que conozco que corresponde con esta imagen es:

Transforma tu "carecimiento"
de confianza en "crecimiento"
de confianza

Mi padre me inculcó, "Respétate a ti mismo, al mismo tiempo saca tu educación y tu carrera, y luego si llegas a conocer a un buen muchacho, entonces lo conocerás a un nivel justo.

(Sandra Bullock)

La falta de respeto es el crimen más básico de todos porque cubre la mayoría de los otros crímenes.
(Edward de Bono)

El respeto al derecho ajeno es la paz.
(Benito Juárez)

Capítulo 7
Respeto

El respeto no se compra –
se tiene que merecer.

Earl Loomis es el autor de El Propio Yo en la Peregrinación (The Self In Pilgrimage) y cuenta la his-toria de un niño que acompañaba a su mamá y a su hermana mayor durante un almuerzo. La mesera le pidió la orden a su mamá y a su hermana y luego le preguntó al niño, "¿Y tú jovencito, qué vas a ordenar?"

"Yo voy a ordenar por el," enfatizó la mamá fijándole una mirada fría a la mesera.

Sin desanimarse, la mesera le volvió a dirigir la palabra al niño, "¿Jovencito, qué vas a comer hoy?"

"Una hamburguesa con queso," le murmuró el niño.

"¿Te gustaría bien asado o medio asado?"

"Bien asado por favor," le dijo el niño con un poquito más de viveza.

"¿Te gustaría con mostaza, lechuga, cebollas, tomates, o salsa catsup?"

Estallando con una confianza en si mismo, el niño exclamó, "¡Con todo. Me gustaría con toditito!"

Cuando la mesera se retiraba de la mesa, el niño feliz de la vida miraba a sus chaperonas.

"¡Fíjate mamá, ella cree que yo soy una persona de verdad!"

El *Respeto*, bajo la definición del Diccionario Webster significa: "Apreciar...Honrar". Apreciar es ponerle valor o darle un rango alto. Ahora que sabemos la definición de "respeto" tenemos que preguntarnos, ¿nos respetamos a si mismo? A veces nos respetamos mucho menos que las personas con las que nos relacionamos. Si nos respetamos, no nos vamos a poner en peligro. Si respetamos nuestro cuerpo, no vamos a exponer a nuestros cuerpos en situaciones que puedan causar incomodidad o dolor. Si nos respetamos profundamente y respetamos nuestro estado emocional, entonces no vamos a arriesgar nuestro bienestar emocional involucrándonos con relaciones que no son saludables o adoptar comportamientos que sean contra-producentes

Sin embargo, ¿cuántos nos vamos en contra del respeto que debemos tener por nosotros mismos? Nos ingerimos pastillas o drogas para intensificar nuestro ánimo para sentirnos "mejor"

solo para darnos cuenta que después nos sentimos peor. Permitimos que nos conquiste esa pastillita, ese cigarrillo, esa inyección, esa droga que supuestamente debe elevar nuestro humor. Cada vez que nos entregamos a esas actividades, nos estamos faltando el respeto.

¿Qué tal el peligro que le exponemos a nuestros cuerpos cuando tenemos actividades sexuales y promiscuas? ¿A qué nos estamos exponiendo? Muchos de ustedes saben la respuesta. Nosotros somos los que escogemos como faltarle el respeto a nuestro cuerpo. Existen las enfermedades que se transmiten sexualmente y pueden dañar a bebés que todavía no han nacido con deterioración mental y física. También pueden causar infertilidad y transmitir el virus del SIDA. Sabemos las respuestas, pero nos negamos cuando pensamos que nuestro comportamiento irresponsable no nos pone en riesgo. Cada año, aproximadamente 3 millones de adolescentes americanos contraen una enfermedad que se transmite sexualmente. Las enfermedades que se transmiten sexualmente facilitan a que se transmita el virus del sida o el HIV. De acuerdo a un reporte reciente de la Casa Blanca sobre la Juventud y el HIV/SIDA, aproximadamente la mitad de todas las personas nuevas que se han infectado con el HIV, son personas menores de 25 años de edad. Los oficiales de salubridad creen que por lo menos 20,000 jóvenes entre la edad de 13 a 24 años son infectados cada año – eso significa que dos personas se infectan cada hora.

¿En qué traumas emocionales ponemos nuestra salud mental cuando nos involucramos en relaciones negativas y abusivas? Estas relaciones nos producen temor, enfurecimiento, conflicto y presión. Si nuestra salud emocional no está en buena condición, vamos a comprometer nuestro bienestar físico también. Si no estamos pensando con claridad, no podemos concentrarnos ni en la escuela ni en el trabajo. Arriesgamos nuestro éxito cuando nos enfocamos en las situaciones que están fuera de nuestro control.

Por ejemplo, vamos a ver a la jovencita que "ama" mucho

a su novio. Ella le dice que lo ama repetidas veces, sin embargo él dice que no cree que verdaderamente lo ama, al menos que "compruebe" su amor teniendo relaciones sexuales con él. Ella no esta preparada para tener sexo y no quiere someterse a este comportamiento. Ella se encuentra perturbada entre el amor de su novio, los valores que le enseñaron sus padres, su curiosidad sobre el conocimiento sexual, y su respeto a si misma – a su cuerpo. Con este desfile de confusión en su mente, ya no se puede concentrar en sus estudios. Se siente enferma por dentro. Así es que compromete su reputación y se rinde a las exigencias de su novio.

Desafortunadamente, se ha establecido con otra serie de problemas. Ahora se siente culpable. Mientras que ama a su novio, ahora puede que lo resienta por haberla presionado en hacer algo que no estaba preparada en hacer. ¡Ahora puede que esté preocupada de estar embarazada y que se vaya a enfermar! Ha perdido mucho más de lo que ella esperaba ganar. Ha perdido su respeto propio. Obviamente no sabe toda la realidad. Por ejemplo, uno de cada diez padres adolescentes nunca se responsabilizan por sus hijos. Son padres ausentes. Cada 29 segundos una jovencita menor de 15 años da luz a un bebé. Aquí está otra realidad grave: Le cuesta $164,000 a un padre para poder alimentar, vestir, educar, y darle un hogar a un hijo desde que nace hasta que cumpla sus 18 años.

La intimidad sexual no es algo que sucede sin pensar en demostrarle el respeto a la otra persona o comunicándose sobre usar protección, el riesgo de salir embarazada, o de adquirir una enfermedad transmitida sexualmente (STD). En el mundo de fantasía creado por la televisión y por productores de películas, las escenas de amor usualmente son eróticas, apasionantes y con actos espontáneas de placer y entrega. El siguiente ejemplo está basado en la escena de una serie de televisión muy popular:

Cindy y Chris trabajan juntos. Han estado coqueteando juntos pero nunca se han besado. Una noche, Chris llega a la

casa de Cindy y se sube por el enrejado al lado de su ventana, despertándola. Cindy se acerca a la ventana en su bata de baño.

Chris: "Cindy. Sé que es tarde, pero tengo algo que quiero preguntarte."

Cindy: "Shhh! Trata de hablar en silencio o vas a despertar a mis padres."

Chris: "Oops, disculpame. Te amo, Cindy. La vida no es igual sin ti. Por favor déjame entrar."

Cindy se hace a un lado para permitir que Chris entre a su recámara. Comienza a sonar una música seductiva. Ella se quita su bata de baño revelando una camisa de noche. El se quita su camisa y comienzan a besarse. El le acaricia su pelo y recorre su mano en su cara y su brazo. Continúan besándose mientras van recostándose en la cama. La música disminuye. Corte... a un comercial.

¿Qué hace falta en esta escena? Obviamente estaban muy íntimos. ¿Tuvieron sexo? Debemos de pensar que sí tuvieron sexo. ¿Hablaron sobre precauciones? ¿Hablaron sobre control natal? ¿Protección? ¿Moralidad? ¿Respeto propio? De acuerdo a la escena coreografiada, no lo discutieron. Frecuentemente, los jóvenes tienen una impresión de la intimidad de acuerdo a la tele-novela o serie de televisión que convierte el romance en una realidad torcida.

Nunca se me va a olvidar la historia de una jovencita de la preparatoria que descubrió que salió embarazada por un joven que había apostado $20 dólares. Un día en la clase de gimnasio, un grupo de jóvenes retaron a un amigo a "que lo hiciera" con una jovencita, calladita, que creían que era difícil de conseguir. Un joven, encontrándose entre toda la estimulación de tanta testosterona, respondió, "Me va a tomar un tiempo, pero yo voy a estar coleccionando."

El comenzó a cargarle sus libros. Hablaba muy amablemente con ella. La esperaba después de clases y después de la escuela. El comenzó a ganarse su confianza y su confidencia. El tenía un plan para su compañera ingenua: Lentamente la estaba pretendiendo y la estaba poniendo en marcha a que se enamorara de el.

Al final del año escolar, él "marcó" y según él "marco en grande". El la convenció a que les mintiera a sus padres y estableció un lugar en donde la sedujo y tuvo relaciones sexuales con ella. ¡Eventualmente, entregó su cuerpo por una miserable apuesta de $20! Ella era lo que muchos jóvenes describían como "¡una jovencita muy buena e ingenua que no es ningún reto!" Unos meses después, descubrió que ya no tenía su menstruación y que estaba embarazada.

Inmediatamente lo citó en la escuela y le dijo, "¡Estoy embarazada! ¿Qué vamos a hacer? El le replicó, "¡Este es tu bebé, no mío! Además, me acabo de ganar $20 de los muchachos que me apostaron tener sexo contigo." Luego agregó diciéndole, "¿Apoco piensas que yo creo que yo soy el único que ha tenido sexo contigo? Me lo diste tan fácil. ¿Cómo piensas que voy a creer que eras una virgen?"

¿Tu crees que el la respetaba? Definitivamente que no. El no se respetaba ni a si mismo. Ningún joven que se respeta a si mismo maltrataría a un ser humano de tal manera.

La jovencita se fue llorando histéricamente y eventualmente le dijo la verdad a su madre. En los siguientes meses, se comenzó a enfurecer y comenzó a resentir al bebé que crecia dentro de ella. Cuando nació el bebé y se lo pusieron en su pecho, ella a propósito y a fuerza lo hizo a un lado. Esta jovencita me dijo que rehusaba abrazar o cuidar al bebé por que odiaba al papá por lo que le había hecho. ¿Puedes imaginarte, un bebé en medio de una relación de odio? Un niño inocente nació de una madre que rechazaba amarlo y cuidarlo.

Dieciocho meses después, mientras estaba conduciendo un programa para madres adolescentes, pude ayudarle a esta mamá jovencita a llegar a un acuerdo con su dolor y su odio. Ella lloró por mucho tiempo, y finalmente tuvo el valor de contarme su historia. La abrace y lloré junto con ella. Desafortunadamente, esta escena no es nueva para mí. La he visto muchas veces al cruzar Estados Unidos de escuela en escuela por todo el país. Me da mucho dolor cada vez que veo a una jovencita tratando de criar a un hijo no deseado. Odio ver a niños que son maltratados, abandonados, descuidados, violados, desnutridos, rechazados, e insultados porque una jovencita madre no tomó bajo consideración el papel "entero" de lo que significa ser padre, ser madre. Muchos jovencitos me dicen que pensaban que ser padres era más fácil. ¡No lo es! Especialmente cuando los adolescentes son los padres del bebé.

El tener que ser padres es tener que estar andando en la noche con un bebé llorando. Haciéndote preguntas. Es tener que cambiar pañales 10-15 veces al día. Es tener que limpiar vómitos y diarrea y ver que la ropa se arruina. Es tener que ir a ver al doctor con regularidad y mantener la atención constante que requiere el bebé. Los tiempos de días interminables con música, bailes y andar con los amigos en las tiendas se limitan. Me entristece ver a las mamás jovencitas con sus hijos indeseados platicando con sus compañeros en las tiendas, y los niños casi siempre sin comida y sin agua. La joven mamá parece estar más preocupada con su maquillaje o qué muchacho le va a poner atención, en lugar de estar al pendiente por la seguridad de su bebé. ¿Se respeta ser madre? ¿Cómo puede respetarlo? ¿Acaso está cuidando a su hijo? ¡Definitivamente que no!

Espero que no me malinterpretes. Un bebé es una bendición. El tener que ser padre toma tiempo, amor, paciencia y responsabilidad. Nunca me voy a olvidar del bebé que falleció de deshidratación mientras que a su madre adolescente le

pintaban las uñas. El bebé acababa de salir del hospital y el doctor específicamente le dijo a la mamá que llevara al bebé a su casa y que continuara dándole fluidos para prevenir la deshidratación. Sus prioridades eran cosméticas, no era el ser madre. Ahora me pregunto ¿Qué ha de pensar esa madre cada vez que pasa un salón de belleza? ¿Recuperó su respeto propio o todavía está perturbada por descuidar a su bebé?

> Estimada Coronela Kickbusch,
> Muchísimas gracias por venir a la escuela de South High para compartir sus historias con nosotros. Nunca había visto una presentadora como usted. Por primera vez durante una asamblea, nadie hablaba. Sus historias me tocaron y también a otras personas con quienes platiqué. Algunas personas se fueron a sus casas esa noche y les dijeron a sus mamás lo mucho que las aman. Cuando usted comenzó hablar sobre la historia de la muchachita y como todo era sobre ella, esa historia es como muchas de las muchachas aquí. Ellas siempre dicen que todo es sobre ellas y luego salen embarazadas. Cuando los papás de los bebés se ven, se sienten como basura y no saben a donde acudir. Después de su presentación, apuesto a que muchas de las muchachitas van a pensar dos veces antes de tener relaciones sexuales. Usted es una oradora maravillosa y sus palabras son muy conmovedoras. ¡Gracias por todo!
>
> Amor,
> Paige

¿Qué piensan del joven que se involucra con una pandilla queriendo una "familia" y pensando que esta nueva "familia" lo va apoyar cuando los necesite donde sea, cuando sea y como sea? La siguiente historia no es fuera de lo común.

110

A un joven se le dice que le dispare a un miembro de otra pandilla rival para "comprobar" que pertenece. El hace lo que se le pide, pero en lugar de dispararle a su rival, le dispara a una niña inocente de siete años que estaba jugando frente a su casa. La niña muere. ¿Quién tiene que conseguir el abogado para el? ¿Quién tiene que pagar la multa para sacarlo de la cárcel? Tal vez sea su madre soltera que tiene dos trabajos para poder alimentar y abrigar y darles un hogar tanto a el como a sus hermanos. Con el duro sudor de trabajo de los abuelos, las tías, los tíos y los padrinos, tal vez ellos se reúnen y hacen una colección de sus pocas ganancias para poder sacarlo bajo fianza. El joven se presenta a su juicio como un adulto.

¿Quién va al juicio con el? ¿Quién habla por el? ¿Acaso su familia pandillera está allí para el? ¡De seguro que no! Ahora va a unirse a otra familia, la familia de prisión. Lo ponen en su celda con alguien que casi por seguro no lo va a tratar como "familia". ¿Y quién lo va a visitar en la prisión, quién le va a enviar lo que necesita? ¿Va a apoyarlo su familia de la pandilla? ¡De seguro que no! Va a ser su mamá, su papá, sus abuelos, sus hermanos, sus tías, sus tíos, su familia de verdad, los que respetan la relación de la "familia real."

Estuve dando clases dentro de una prisión con máxima seguridad por dos años en el estado de Kansas. Mis ojos se abrieron a la cruel verdad detrás de las rejas. Las prisiones tienen una cultura propia. Me gané la confianza de mis estudiantes. Me enseñaron cómo es estar encerrado con personas viciosas. Me platicaban abiertamente sobre qué tan fácil y rápido podían violar a un joven prisionero, especialmente a un joven sin experiencia. Dicen que entre más joven eres, más atractivo es llegar al propósito. No hay respeto para la dignidad humana en una prisión.

Tal vez te preguntas por qué no has escuchado de estos incidentes tan terribles. ¿Qué joven que finalmente sale de prisión quiere admitirle a sus "compañeros de la pandilla" que fue violado varias veces en prisión? Recuerden, él estaba en una

pandilla porque era muy valiente. Los miembros de las pandillas cometen crímenes porque piensan que son inteligentes e ingenuos. ¿En dónde estaba su valentía, su inteligencia, y su ingenio mientras cuatro hombres adultos lo inmovilizaron y lo desnudaron de su hombría? ¡Más y más reportes están indicando que los ataques sexuales están ocurriendo en los centros de detención juvenil en donde se encuentran niños de la tierna edad de 10 años!

Quiero agradecerle al señor que no solo compartió la realidad cruda de su vida violenta detrás de las rejas, pero que también estuvo de acuerdo en figurar como estrella en la filmación que produje con el título, *La Prisión y La Educación*. Hoy se usa el video en las escuelas de 27 estados del país para prevenir el crimen. La triste realidad es que hay muchos niños hoy en día que tienen parientes que están haciendo su tiempo detrás de las rejas. Ha de ser devastador saber que tienes a un padre un día y al día siguiente ya no está, y no va a estar con uno por mucho tiempo. Cuando eso sucede, te remueven de tu hogar y estás forzado a hacer muchos ajustes que traen tristeza, culpabilidad, depresión, y falta de respeto en tu vida.

La libertad es una cosa que absolutamente extrañarás detrás de las rejas. Imagínate que te quiten muchas cosas personales y que ya no puedes escoger la ropa que tu quieres ponerte, comer lo que tu quieras cuando quieras, dormir tarde, salir a platicar con la gente que te cae bien, y sentirte bien y seguro en la comodidad de tu casa.

Los prisioneros son vigilados 24 horas al día y las reglas nunca cambian. Las reglas son estrictas, limitadas, y se refuerzan severamente. Los prisioneros están forzados a vivir de tal manera por 10-20 años porque no pudieron seguir reglas simples y sencillas en la casa. Rehusaron respetar los derechos de otras personas, y ahora se encuentran en un ambiente donde hay falta de respeto, falta de confianza y desgracia.

Conozco a muchos jovencitos y jovencitas que lloran cada noche dentro de una celda helada tratando desesperadamente de

112

mantener las memorias de las fiestas con pizza, pasando la noche en la casa de amistades, sesiones poniéndose maquillaje, juegos de fútbol y las rizas de sus amistades. Las prisiones afectan la familia entera. Todavía recuerdo el jovencito de 12 años de edad esperando la hora de su juicio por haber disparado un arma de fuego de un carro. La pregunta que me llenó mis ojos de lagrimas fue, "¿Voy a poder ver a mi mamá en Navidad?" Aquí está un niño, que todavía es un niño, pero se enredó con la mentalidad y la filosofía de ser un "chamaco valiente".

Conocí a un joven de 14 años de edad que le estaba dando a su mamá (soltera) momentos terribles. Hasta le decía cosas que eran completamente irrespetuosas, así como "¡Yo no te necesito, eres una perra...! Yo soy hombre y yo me puedo cuidar solo." Su mamá se me acercó con la esperanza que le diría algo para ayudarle con su relación. Ella ya no sabía que hacer. Ella tenía la sospecha que estaba involucrado en pandillas y en drogas. Su hijo luego quizo ponerme las cosas en orden y me dijo sarcásticamente cuando se presentó conmigo, "Mire señora, yo no la necesito, y yo no necesito a mi madre tampoco. Yo soy un hombre ahora, y tú crees que yo solo soy un chamaco inútil. Pues, déjeme decirle, usted no es nada para mi y así como mi madre, las dos se pueden ir al infierno."

Calmadamente cuestioné su supuesta independencia preguntándole quién le había comprado la camisa que traía puesta. "Mi mamá," replicó apenado. Le pregunté, ¿Quién te compró los zapatos de tenis que traes puestos? Parecen ser caros. De nuevo contestó con pena, "Mi mamá." Mantuve mi ritmo preguntándole, ¿Quién te compró los pantalones de mezclilla que traes puestos? No tenían agujeros, y parecía que alguien se los había planchado muy bien. Cambió su postura arrogante y trató de bromear diciéndome que su tía se los había comprado en Navidad. El punto de todo ésto es que todo lo que el traía puesto, fue comprado por otra persona.

Con sus ojos llenos de lágrimas, su mamá se disculpó por el comportamiento de su hijo y buscó la excusa diciendo que su

*hijo la resentía porque ella se había separado de su esposo y
estaba criando a su hijo solo. Su padre los había abandonado
antes de que el naciera, y ella tuvo que mantener dos trabajos
en donde le pagaban lo mínimo porque ella se había salido de la
escuela. Ella sabía por experiencia qué tan difícil era hacer una
vida sin un diploma del Colegio Universitario. Ella tenía la
determinación de buscarle ayuda porque estaba tratando de
evitar otra generación en su familia de jóvenes abandonando la
escuela. Para cuando me retiré de ellos, él ya le estaba
demostrando más respeto a su madre, aunque haya sido solo
para apaciguarme a mí. Después de que nos despedimos, el
volteó a mirarme. Su mirada respetuosa me indicó que había
hecho un bien.*

Yo sé que durante los años de la adolescencia,
experimentan muchos niveles diferentes de conflicto con sus
padres y sus guardianes. En tus ojos parece que están locos,
están fuera de contacto, o dicen cosas para hacerte enojar
porque piensas que no tienen nada mejor que hacer mas que
constantemente interferir en tu vida. Me da pena decirte hoy que
una vez, yo me sentía igual hacia mis padres.

Recuerdo un día en particular. Mi mamá me pidió que le
ayudara ese día. Mi mamá estaba criando una familia grande sin
los lujos modernos de tener una lavadora de platos, sin horno
micro-ondas, sin lavadora ni secadora. Solo me pedía que lavara
los platos. Yo sentí que una gran rabia me envolvía, y en cuanto
ella no estuvo en mi vista, le hice una cara horrible. Ha de haber
tenido sus ojos detrás de su cabeza, porque me preguntó que si
qué había dicho. Yo le mentí y le dije algo como lo que dicen
ahora los jóvenes: "Cálmate mamá. Te quiero, ¿okay?" Mi
mamá seguía haciendo el trabajo duro y nadie le preguntaba
cómo se sentía. Nadie se fijaba lo hinchado y dolorosos que
tenía sus pies por haber trabajado todo el día. Ella hacía casi
todo el trabajo de la casa solita, porque nosotros los chamacos

éramos muy egoístas, y muy irrespetuosos para pensar en otros mas que supuestamente nuestras vidas ocupadas con nuestras amistades.

Hoy soy huérfana, no tengo padre ni tengo madre. Ahora estoy sola defendiéndome. Extraño mucho a mis padres. Lo mejor que puedo hacer es llevarles flores a sus tumbas y llorar como un bebé que desea que estuvieran aquí conmigo. Ellos me amaban, y amaban a mis nueve hermanos y hermanas. Ellos batallaron con algunos retos de la vida así como la cultura de las drogas, con nuestra presión de los compañeros, los medios publicitarios, la industria musical, el sexo y la violencia en la televisión, y las revistas que explotan el mito de la belleza y causan que la juventud sufra anorexia o bulimia. Ellos compitieron con esas fuerzas poderosas para mantenernos saludables y vivos. Cada día rezaban para dar gracias por nuestra seguridad y nuestro bienestar. Ahora que reflejo, tanto mi madre como mi padre tenían su Doctorado en ser padres. Sin bromear. Ellos hicieron lo mejor que pudieron con lo que tenían.

La siguiente historia es sobre una jovencita que aprendió lo que significaba "el respeto a su madre" cuando ya era muy tarde. Recibí un correo electrónico de una jovencita de Ohio. Ella había escuchado mi historia sobre el respeto, durante una asamblea escolar pero la descartó como una historia cursi e irreal. Ella me escribió diciéndome que había tenido una mala discusión con su mamá antes de irse a la escuela porque su mamá le había pedido que no llegara tarde de la escuela. Aunque su mamá estaba preocupada que algo le fuera a suceder, su hija le respondió a gritos diciéndole que la dejara la chin%#%# en paz. Le dijo un nombre vulgar a su mamá y la empujó hacia el refrigerador. Cuando se subió al camión, se lució con sus amigas diciéndoles cómo le demostró a su mamá quién estaba en control. Ella indicó cómo sus amigas se reían y en coro decían: "¡Los padres no sirven!"

Me siguió contando que dos semanas después, su mamá murió en un accidente de automóvil. Ahora ella estaba sola y viviendo en un hogar temporal. Ella explicó en detalle el día

que la sacaron de su casa. Le dijeron que nadie de su familia la quería por su actitud y por ser tan malhablada. Tenía muy pocas opciones que incluían tener que vivir en una casa extraña. Ella recuerda que le dieron una caja para que pusiera sus pertenencias y le dijeron que se apurara porque la iban a situar en un lugar nuevo lo más pronto posible. Corrió a subir a su cuarto y lo primero que encontró fue la foto de su madre. Ella sabía que la mujer que se mantenía despierta toda la noche preocupada por ella, jamás podrá esperarla. Ella sabía que su madre amorosa que buscaba cómo ahorrar dinero para dárselo y que fuera a las tiendas, jamás podrá darle nada más.

Ella recuerda haber bajado las escaleras, y haber tentado el refrigerador cuando comenzó a llorar. Ella deseaba poder haberle dicho, "Perdóname mamá, te quiero." Terminó su correo electrónico diciéndome, "Por favor cuéntele mi historia a otros jóvenes que piensan que están mejor sin sus padres." Y agregó, "extraño a mi madre." Yo sentí una gran tristeza por esta jovencita. Ella es una joven muy valiente en mis ojos porque admitió sus errores y porque me permitió compartir su trágica historia con la esperanza de que tú, joven lector, pienses en cómo tratas a tu familia.

Por otro lado, en un esfuerzo de balancear la perspectiva a lo que experimentan los jóvenes en un hogar, hoy en día existen jóvenes que sí viven con unos padres bastante enfermos. Tú solo no puedes detener el alcoholismo, la adicción de drogas, la violencia doméstica, el abuso sexual, el abuso físico ni el abuso mental. Estos retos están fuera de tu control. En estas situaciones, yo creo que es mucho mejor que vivas en un ambiente seguro que en un hogar que es violento, deshonrado, y con torturas. Por favor pide ayuda para ti y para tu familia. Espero que podamos recuperar el respeto en nuestras vidas como un valor principal que también tiene un valor de sentirnos protegidos.

Ejercicios de Reflexión

En este capítulo, el respeto se definió como ponerle un valor alto o darle un rango alto a las cosas. El siguiente ejercicio está diseñado para ayudarte a pensar sobre el papel del RESPETO en tu vida. Por favor usa el espacio que te hemos proveído para que reflexiones tus propias experiencias, y determines cómo el respeto puede guiar tus decisiones y definir tus valores.

1. Has una lista de ejemplos de cómo te respetas, cómo respetas a tu familia, a tu comunidad y a tu país:

   Yo **me** respeto *cuidando mi salud.*

   Yo **me** respeto *haciendo las cosas que digo que voy a hacer.*

   Yo **me** respeto *haciendo lo mejor que puedo en la escuela.*

   Yo **me** respeto

   Yo **me** respeto

   Yo **me** respeto

   Yo **me** respeto

   Yo **me** respeto

Respeto

Yo respeto mi **familia** *siempre diciéndoles la verdad.*

Yo respeto mi **familia** *ayudando con los quehaceres de la casa.*

Yo respeto mi **familia** *obedeciendo las reglas impuestas por mis mayores.*

Yo respeto mi **familia**

Yo respeto mi **familia**

Yo respeto mi **familia**

Yo respeto mi **familia**

Yo respeto mi **familia**

Yo respeto mi **comunidad** *imponiendo un buen ejemplo para otras personas de mi edad.*

Yo respeto mi **comunidad** *participando en proyectos que ayudan a otras personas.*

Yo respeto mi **comunidad** *levantando la basura y limpiando las áreas en común.*

Yo respeto mi **comunidad**

Yo respeto mi **comunidad**

Yo respeto mi **comunidad**

Yo respeto mi **comunidad**

Yo respeto mi **comunidad**

Yo respeto mi **país** *aprendiendo de sus días nacionales festivos y sus héroes.*

Yo respeto mi **país** *honrando a los que han servido en el servicio militar.*

Yo respeto mi **país** *asistiendo a la escuela para sacar una buena educación.*

Yo respeto mi **país**

Yo respeto mi **país**

Yo respeto mi **país**

Yo respeto mi **país**

Yo respeto mi **país**

2. ¿Cuáles son tus metas para incrementar tu comprensión del respeto? ¿Cuál es el papel que juega el respeto en tu vida?

Respeto

Yo voy *a ir a la biblioteca y voy a leer sobre el "respeto".*

Yo voy *a preguntarle a un maestro/a lo que piensa el/ella sobre el respeto y lo voy a discutir con el/ella.*

Yo voy a *preguntarle a mis padres o a mis parientes u otro adulto sobre el respeto.*

Yo voy a

Yo voy a

Yo voy a

3. ¿Cómo puedes animar a las personas a tu alrededor a que se respeten uno al otro mucho más?

Yo voy *a poner un buen ejemplo.*

Yo voy *a respetarme y respetar a las personas a mi alrededor.*

Yo voy *a observar a alguien a quien respeto mucho y le voy a pedir que me guíe.*

Yo voy a

Yo voy a

Yo voy a

4. Es importante aprender de otras personas a quienes respetamos. ¿Quiénes son esas personas en tu vida? Nombra a algunos de ellos y menciona las razones por el cual tú los respetas.

PERSONA A QUIEN RESPETO	PORQUE . . .
Sr. B.	*El es un buen líder.*
Sra. C.	*Ella es una persona buena en mi vida.*
Srta. D.	*Ella me trata con respeto.*
Clérigo/a E.	*El / Ella mantiene la comunidad segura.*

5. Escribe un párrafo breve explicando por qué es importante respetarte tu mismo, respetar a la familia, a la comunidad y al país.

El respeto no se compra –

se tiene que merecer.

Nadie puede arruinar tu vida. Tú siempre eres responsable por la manera en que aceptas las cosas que te han pasado. El incidente es externo, la reacción siempre va ser la tuya.

(Eric Butterworth)

Nada fortalece el criterio o estimula la conciencia como lo hace la responsabilidad individual.

(Elizabeth Cady Stanton)

Si se te da un trabajo, eres responsable en hacerlo. Si dices que vas a hacer algo, es mejor que lo hagas o tener una buena razón por qué no lo vas a poder hacer. Todos tuvimos nuestras responsabilidades en la casa. No podíamos estar parados sin que se nos dijera que teníamos que hacer algo. Hasta la fecha, constantemente estoy haciendo algo.

(Katherine Ortega)

Capítulo 8
Responsabilidad

La cantidad de libertad
que disfrutas
depende en tu responsabilidad, en
"responder" en tu "habilidad".

Hace muchos años, Moctezuma fue emperador de la civilización Azteca en lo que hoy es la Ciudad de México. Los indígenas se habían hecho expertos en astronomía, agricultura, irrigación, el calendario, y en construir altos monumentos y pirámides en la selva que actualmente están conservados. Los Aztecas sabios creían que era su deber de poner un espejo ante la gente para que realizaran sus responsabilidades como ciudadanos, padres y guerrilleros.

Los niños fueron criados muy estrictos y se les enseñaban lecciones específicas por medio de historias, anécdotas y versos.

Responsabilidad

La siguiente historia mantiene la tradición antigua. Está adaptada de la historia escrita por Yolanda Nava en su libro, *Todo está en los Frijoles.* En este libro más de 100 latinos famosos comparten sus historias verídicas, que incluye dichos que han permanecido durante el tiempo, cuentos populares y palabras sabias. La historia que he escogido es una que creo que te va a gustar recordar.

Hacía muchos años había un niño pequeño que nunca escuchaba a sus padres. Aunque sus padres trataban lo mejor de enseñarle a honrar la cultura México-Americana y de aceptar las responsabilidades de la familia, el niño rehusaba escuchar. Las súplicas de los abuelos y sus amistades no lo hacían escuchar. Emiliano ya había hecho su decisión, que no tenía que escuchar a nadie.

Un día, Emiliano se fue de la casa. Él esperaba encontrar a alguien que no le fuera a decir lo que tenía que hacer. Corrió lejos de su barrio, pasando todas las casas, bajando un caminito que lo llevaba al bosque cercano. Vagaba más y más al fondo del bosque hasta que se encontró una casita chiquita en un desmonte. Un anciano bajito y gordito estaba sentado en su mecedora en el porche de enfrente.

El jovencito caminó hacia el porche y notó que el anciano estaba mirando cada movimiento que hacía. El jovencito se acercó un paso más y miró que el anciano estaba esperando pacientemente a que hablara su visitante.

"Me gustaría comer algo," dijo Emiliano.

El anciano le fijó la mirada al jovencito por un momento antes de hablar y luego le comentó, "¿Ah, sí... te gustaría?

"Correcto," respondió Emiliano, "Tengo hambre. Me gustaría algo de comer."

El anciano ya había escuchado historias sobre el jovencito de las personas que él conocía en el barrio. Si este es el mimo muchacho, pensó por un momento el anciano, debería de traer un espejo para que vea como debe de comportarse ante los demás. El anciano se reclinó hacia el frente de su mecedora.

"He escuchado mucho de tí, jovencito. Debes de parar de ser tan irresponsable. A nadie le va a gustar andar contigo al menos que cambies tu manera de ser."

Al joven solo le dió riza.

Con eso, el anciano sonrió. "Te vez que tienes hambre, así es que te daré de comer. Pásale. Tengo carne para unas tortas y papitas. Lo único que tengo para tomar es agua, pero puedes servirte. Si quieres, puedes pasar la noche."

El jovencito siguió a su anfitrión dentro de su hogar.

Al día siguiente, el anciano le dijo que tenía que hacer unas compras en el pueblo. "Escucha mijo, mientras esté fuera, lo único que te pido que hagas es que pongas a cocinar los frijoles en la olla. Ten cuidado. No vayas a poner más de 13 frijoles a hervir en la olla. ¿Me entiendes?"

El jovencito inclinó la cabeza aprobando.

"Regresaré en una hora, mas o menos," le aseguró el anciano. "Mi amiga María viene para acá. En cuanto llegue, entonces puedes comenzar a cocinar los frijoles."

Cuando el anciano se fue, el jovencito decidió comenzar sin María. Llenó la olla con agua y la puso en la estufa a calentar. Cuidadosamente contó 13 frijoles y los echo a la olla.

"No parece que sean bastantes frijoles," pensó en voz alta. "Apenas son bastantes frijoles para una cucharada, no va a alcanzar para una comida. No vamos a tener bastante de comer al menos que le agregue más."

El encontró más frijoles en el armario y echo varias docenas más. Cuando el agua comenzó a hervir, los frijoles se expandieron llenando la olla. Pero luego los frijoles se estaban derramando a la estufa, luego al suelo. Rápidamente, agarró otra olla y dividió los frijoles. Pero los frijoles se estaban expandiendo tanto que la segunda olla comenzó a derramar los frijoles también. Cuando llegó María a la casa, la cocina era un batidero.

No pudieron limpiar la cocina a tiempo para prevenir que el

anciano viera el cochinero.

"¿Por qué no hiciste lo que te pedí?" le preguntó al jovencito.

"Fue su culpa," protestó el joven apuntando a María, mientras que María asombrada estaba con la boca abierta.

"María. ¿Le agregaste más frijoles a la olla?" le preguntó el anciano sabiendo bien que Emiliano no estaba diciendo la verdad.

"No, señor," contestó con seriedad.

"¿Emiliano?" preguntó, poniéndole atención al joven nervioso.

"¿Emiliano qué?" contestó el joven sarcásticamente.

"Termina el batidero que has comenzado. María, necesito que vayas al pueblo por algo que se me olvidó."

El anciano no dijo nada más sobre el incidente el resto de la noche. A la siguiente mañana, el anciano le dijo a Emiliano que tenía que ir a hacer una presentación en la Universidad y que regresaría más tarde esa tarde. Le pidió de nuevo que esperara a María antes de cocinar los frijoles esta segunda vez.

"¿Cuántos frijoles?" le preguntó el anciano.

"Trece."

"¡Muy bien! Ni más, ni menos. A propósito, si quieres puedes jugar en la yarda, sacar la canoa al lago o leer en mi biblioteca mientras regreso. Sin embargo, si entras a la biblioteca, no vayas a abrir el libro grande con la cubertura roja. Solo voy a estar fuera unas dos horas."

"¡Si, si. Lo que sea!" Replicó el joven.

El anciano esperó hasta que llegara María antes de irse. El joven no sabía que el anciano le había hablado a sus padres y que los iba a traer cuando regresara.

El libro rojo en la mesa intrigaba a Emiliano. Se esperó hasta que María entrara al ropero buscando los zapatos que Emiliano le había dicho había puesto allí, y luego le cerró la puerta con llave. Corrió a la biblioteca y se sentó en una silla

junto al libro.

"¡Está cerrado con llave! dijo furioso. "El anciano lo cerró con llave."

Después de haber intentado en abrir el libro por un rato, al fin lo pudo abrir a la fuerza. Pudo entender las palabras "Dios" y "adivinación", pero el resto del lenguaje era difícil de traducir. "Con razón el anciano no quería que abriera este libro," razonó el joven. "Parece ser algo muy importante."

Estuvo hojeando el libro hasta que llegó a una página con un marcador de libros.

"¿Qué dirá aquí?"

"Emiliano," salió la voz del ropero. "Si tienes el libro rojo, más vale que lo dejes."

Emiliano sonrió.

"Así es que sí es importante. ¿Qué pasaría si leo este pasaje que esta subrayado?

"Emiliano. Levanta el libro," le advirtió María desde el ropero que estaba con llave.

En cuanto leyó el pasaje subrayado, cosas raras comenzaron a suceder. De repente se encontró rodeado por figuras fantasmas que lo aterrorizaron tanto que lo llevó a un estupor catatónico.

Cuando regresó el anciano con los padres del joven, lo encontraron congelado a la silla con el libro rojo en sus piernas.

"Hizo exactamente lo que le había dicho que no hiciera," lamentó el anciano. Los gritos de María de su reclusorio temporal llamaron su atención y la liberaron. El anciano les explicó a los padres que tal vez Emiliano leyó mal uno de los encantamientos del libro sagrado y el mismo se hechizó.

"Voy a tratar lo mejor para liberar a su hijo, pero no le puedo hacer promesas. Tal vez va a tener que pagar un castigo severo por haberse traspasado irresponsablemente en una área donde se requiere una cantidad considerable de entrenamiento y educación."

El anciano pudo remediar la situación y salvar al joven de

una existencia en una institución."

"Eres afortunado, mijo" le dijo su padre. "Este señor te ha salvado de una vida de miseria."

"¡Papá! ¡Mamá!" Gritó el niño. "Estoy bien contento de verlos. Hice algo que no debí haber hecho. Tenía tanto miedo."

Se volteó al anciano.

"Discúlpeme. Nunca lo vuelvo a hacer. Gracias por salvarme la vida."

El anciano le dió una palmadita al jovencito y le sonrió. "Tu disculpa solo va a funcionar si me prometes que jamás vas a desobedecer a tus padres. Tienes que llegar a ser un adulto responsable. Las personas mayores de edad te dicen que hagas ciertas cosas porque saben lo que es bueno para ti."

"Le prometo escuchar y tomar responsabilidad de mi palabra y de mis acciones." Le aseguró Emiliano.

"Te creo," le replicó el anciano mientras que guiñaba el ojo a los padres.

El jovencito saludable regresó a la casa de sus padres. Desde ese día, Emiliano fue muy útil tanto con sus padres, sus hermanos, sus maestros y su barrio. Llegó a ser bien reconocido y respetado. El resumió la responsabilidad y le enseñaba a otros niños cómo ser más responsables. El recordaba con ternura las lecciones que aprendió del anciano quien podía hacer y deshacer los hechizos, y quien podía hablar con los espíritus.

Esta historia captura la esencia de tanto la responsabilidad como la irresponsabilidad: No puede haber liberación sin responsabilidad. Entre más responsables somos, más vamos a disfrutar de nuestra autonomía personal y de nuestra libertad. Es así de sencillo, o así de difícil. Lo puedes ver de otra manera. ¿Cuál es tu manera de "responder a tu habilidad" de acuerdo a la cantidad de libertad que se te da? ¿Qué tan seguido has

limitado tu propia libertad por haber actuado irresponsablemente? Por ejemplo, ¿Cuántas veces hemos escuchado las palabras, "No era mi intención pegarle" o "la pistola disparó sola, no fue mi intención dispararle" o "no miré la luz roja" o "no entendí la tarea, así es que no la hice."? Estas son frases comunes, sin embargo atraen acciones que traen malas consecuencias.

Todos tenemos responsabilidades en el hogar también. ¿Cuáles son? Tal vez debemos mantener limpia nuestra área donde vivimos a diario, sin tener ropa en el piso, poner los zapatos en el ropero y guardar los libros y que no estén tirados en el cuarto. Además, tal vez tenemos ciertos quehaceres asignados así como tener que lavar los platos después de la cena, sacar la basura, o ayudar en cortar el césped. Una gran responsabilidad que tenemos es de respetar a nuestros padres y lo que nos proveen.

Una vez hablé en una escuela preparatoria donde había tanto enfurecimiento dentro y fuera de ciertos grupos, que el evento terminó con un disturbio. Tuvieron que llamarle a la policia para poder restablecer la paz. Qué infortuna, esto no tuvo que haber sucedido. Si estos jóvenes hubieran respetado el lugar en donde estaban, si hubieran respetado a los maestros, su ambiente, y se hubieran comportado de una manera responsable, entonces hubiera sido un evento maravilloso. Sin embargo, lo que sucedió fue que algunos maestros, padres y estudiantes estaban muy avergonzados y a los jóvenes que faltaron el respeto se los tuvieron que llevar en las patrullas. Nadie ganó nada con este espectáculo.

No solo tenemos responsabilidad por nosotros mismos, pero tenemos la responsabilidad por otros también. El servir a la comunidad es una manera admirable de involucrarnos y contribuirle a nuestra comunidad. Hay hospitales y asilos de ancianos que necesitan ayuda con actividades para asistir a sus pacientes. Hay programas de lectura en casi cada pueblo del país que necesitan ayuda de las personas que pueden dar clases de inglés a las personas que no hablan inglés pero están dispuestas a aprender. Algunas escuelas ofrecen programas con mentores que es una buenísima manera de involucrarse para ayudarle a alguien durante tiempos dificultosos.

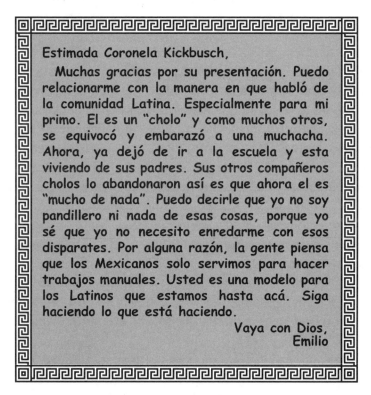

Estimada Coronela Kickbusch,

Muchas gracias por su presentación. Puedo relacionarme con la manera en que habló de la comunidad Latina. Especialmente para mi primo. El es un "cholo" y como muchos otros, se equivocó y embarazó a una muchacha. Ahora, ya dejó de ir a la escuela y esta viviendo de sus padres. Sus otros compañeros cholos lo abandonaron así es que ahora el es "mucho de nada". Puedo decirle que yo no soy pandillero ni nada de esas cosas, porque yo sé que yo no necesito enredarme con esos disparates. Por alguna razón, la gente piensa que los Mexicanos solo servimos para hacer trabajos manuales. Usted es una modelo para los Latinos que estamos hasta acá. Siga haciendo lo que está haciendo.

Vaya con Dios,
Emilio

En su libro "Piedra, Papel, Tijeras" *(Rock, Paper, Scissors)*, el autor Sheldon Kopp explora el dilema personal de aceptar responsabilidad de lo que nos suceda a pesar de las circunstancias. El dice:

> *"Mi deseo es solo que la (gente) comprenda que el poder personal no viene de tratar de controlar eventos externos ni de controlar a otras personas. Una persona no puede hacer lo que no se puede hacer. La vida no es una materia que se*

maneja. Tenemos influencias (limitadas) en sus resultados. Nuestro único impacto está situado en cómo la vivimos. No pedimos tener la responsabilidad de encargarnos por nosotros mismos, pero es una responsabilidad importante. Y al final, no importa qué tan bien estamos preparados, el momento le pertenece a Dios."

En la historia que les presenté en este capítulo, esto fue lo que le sucedió a Emiliano. El se liberó cuando comenzó a ser más responsable. El comprendió que las consecuencias de su comportamiento irresponsable lo pudieron haber puesto en una institución mental. Tuvo la fortuna que el maestro anciano pudo quitarle el hechizo. En la vida real, las consecuencias de comportamientos irresponsables pueden arruinar nuestras vidas. A veces, los encantos y los hechizos no se pueden quitar.

No te conviertas en otra historia trágica como el joven que se agujeró las orejas porque estaba de moda. El usó la misma aguja que usaron sus compañeros. Mientras estaba bebiendo cerveza, sus supuestamente amigos lo animaron sin saber que uno de sus amigos estaba infectado con el VIH-positivo. Ahora, el está infectado con el virus del sida y está enfrentando una vida difícil.

Te animo a que tomes completa responsabilidad en tus pensamientos, creencia y acciones. Pregúntate si estas viendo la vida por medio de los "lentes de tus compañeros" o por medio de tus "propios ojos". Sé tu propia persona. Toma responsabilidad de tu propio crecimiento y de tu desarrollo, siempre reconociendo que la libertad, la autonomía, la independencia y la responsabilidad van mano a mano. Siempre han estado y siempre estarán.

Ejercicios de Reflexión

1. ¿Cuántas veces has escuchado la siguiente declaración?

   Ella me hace enojar.

   El me lastimó mis sentimientos.

   Tú me haces feliz.

   No pude estudiar por el.

   No tuve una alternativa.

   Piensa en una situación reciente en donde te encontraste expresando estos mismos sentimientos o algo similar. Si tú expresaste estos sentimientos, entonces no estabas tomando responsabilidad por tus acciones. ¿Por qué? Porque nadie puede hacerte irresponsable sin tu permiso. Ahora, expresa de otra forma cada una de estas declaraciones y relaciona tu respuesta a la situación personal de la que pensaste anteriormente. Completa cada una de las oraciones:

   Yo decidí enfurecerme porque

   Yo me sentí triste, decepcionada, traicionada,
   (tu llena el renglón) porque

   Yo estoy contenta porque

   Yo escogí no estudiar porque

   Yo escogí tratar con esta situación de esta
   manera porque

2. Completa las siguientes declaraciones:

Yo tiendo a evitar responsabilidad cuando

Usualmente, yo puedo evitar una responsabilidad desagradable haciendo

La manera en que me siento sobre ciertas responsabilidades es

Yo tengo algunos sentimientos e ideas que me gustaría compartir con otros, pero

Yo estaría dispuesta y contenta en asumir más responsabilidades, si mis padres / maestros

Yo puedo actuar muy responsablemente cuando

Ahora, la manera que me siento sobre la responsabilidad es

Cuando llegas a ser responsable, tú incrementas tu "habilidad de responder."

No importa el tipo de trabajo que tienes, deja que sea tuyo. Deja que esté en tus huesos. Así, abrirás la puerta por la cual la abundancia del cielo y la tierra se derramará en ti.

(Ralph Waldo Emerson)

Para que uno se pueda quemar, la persona debió haber estado en llamas alguna vez.

(Ayala Pines)

Si tu quieres algo, tienes que trabajar por el. No se te va a entregar sin ningún esfuerzo. Nunca le temas al trabajo duro. Es bueno para el alma.

(Loretta Sánchez)

Capítulo 9
Ética de
Trabajo

"Siempre has un buen trabajo
que aunque tu no estás allí presente,
el trabajo hablará por tí."

(Mi Madre)

Simplemente dicho, una ética saludable es una ética que se aplica a los ambientes de trabajo. Este trabajo puede incluir ir a la escuela o al Colegio Universitario. Las personas que tienen una ética de trabajo muy fuerte, saben que no es la suerte lo que determina su éxito en la vida. Ellos saben que no tienen que adivinar en tener los resultados que quieren. Ya sea si esos resultados son, sacar buenas calificaciones, tener

mas libertad e independencia, tener un buen trabajo, respeto, una familia amorosa, el potencial de una promoción, y más.

Un ejemplo del trabajo ético en la escuela puede ser cuando un estudiante tiene que entregar un reporte al siguiente día, pero sólo ha trabajado en él esporádicamente. Supongamos que el nombre del estudiante es Garth. Como resultado, Garth solo ha completado dos páginas del reporte de diez páginas. La tarea se asignó hacía un mes ya sea en la clase o estaba anotada en el programa de estudios. Durante todo este tiempo, Garth se la ha pasado con sus amistades, ha ido al cine algunas cuantas veces, jugó billar en donde siempre, dormía tarde y simplemente se divirtió. Ahora se da cuenta que tiene que entregar su reporte y obviamente, lo que entregue no va a ser de gran calidad. A Garth le falta un ingrediente muy importante para salir con éxito en su educación y en la vida, le hace falta una ética saludable de trabajo.

Garth no es el único con una pésima ética de trabajo. Mary, una empleada de la compañía ABC, llama enferma los lunes, después de pasar un largo fin de semana en la costa. Otros empleados tienen que cubrir por ella para asegurarse que el trabajo siga. Mary ha hecho esto tantas veces que irrita a sus compañeros de trabajo, pero ella está dentro de las pólizas de la compañía que indican que no deben hablar más de tres lunes dentro de cada trimestre del año. Ella apenas cumple con la póliza, así es que no está practicando una buena ética de trabajo. Peor tantito, ella sabe que está aprovechándose de las reglas, sin embargo está dispuesta a causarles inconveniencias a sus compañeros de empleo.

Una buena medida para tu primer trabajo es de llegar temprano, llegar bien arreglado con el pelo bien cortadito y aseado, con los zapatos limpios y boleados, los tenis limpios, y la ropa planchada. Las primeras impresiones son muy importantes, así es que es mejor vestirse conservativamente. Hay que dejar los aretes de la nariz y aretes extravagantes en la casa. Cuando llegas temprano, tú estás demostrando tu deseo de trabajar y también demuestra:

- ❖ Responsabilidad
- ❖ Disciplina
- ❖ No tenerle miedo al trabajo duro
- ❖ Dispuesto a dar 110%

Todas estas son características de las personas que quieren salir con éxito en la vida. La siguiente historia es de un jovencito que dijo que estaba dispuesto a trabajar duro y de hacer lo que sea para comprobar que era un buen trabajador. Así es que se le pidió que barriera el piso. El joven venía temprano al trabajo y trabajaba largas horas, hasta cerraba la tienda. El aprendió todo lo que se tenía que aprender para ser un empleado de McDonald's. El jefe le preguntó, "¿Qué es lo que tú quieres de la vida?" El joven le contestó que el quería trabajar duro para poder ser alguien de si mismo. Ahora, ese jovencito es dueño de su restaurant McDonald's.

Existen muchas oportunidades para aprender una resistente ética de trabajo. Por ejemplo: Mi mamá trabajaba de camarera en un hotel y una de sus tareas era tener que limpiar las tazas del baño. Ella los limpiaba hasta que brillaban. Una vez alguien le preguntó, ¿Para qué trabajas tanto en pulir y limpiar las tazas de baño? Nadie se va a fijar y nadie va a apreciar tu trabajo tan duro."

Ella contestó: "Nunca sabes quien va a ver tu trabajo, así es que hazlo bien y nunca habrá duda de quien lo hizo."

Lo que daba a entender mi mamá era que nuestro trabajo habla por nosotros. Lo que nosotros le entregamos al trabajo que tenemos frente, ya sea si es un proyecto en el trabajo o en la escuela, nuestro trabajo le demostrará a otros el tipo de persona que somos, nuestra actitud, nuestra habilidad, si estamos dispuestos a hacer un trabajo duro y si cuidamos del trabajo. Ningún trabajo es insignificante. Si tú ves un proyecto de la escuela como "algo que no merece hacerse bien", entonces te vas a ganar la recompensa o la calificación equivalente al trabajo que haces. Tarde o temprano, pagamos por haber hecho las cosas malhechas. Cuando tenemos una ética disciplinada de trabajo, siempre recibiremos recompensas. A veces toma tiempo para que las recompensas nos lleguen, pero por favor tomen este consejo de alguien que ha trabajado toda su vida, el tener una buena ética de trabajo, ¡funciona!

Sigan trabajando hacia su sueño aunque tu seas el único que cree en tu sueño. El famoso educador de la salud y entusiasta, Jack LaLanne, estudió cursos de medicina en el Colegio porque quería ser un doctor médico.

Sin embargo, se dio cuenta que la profesión médica se enfocaba en la recuperación después de una enfermedad en lugar de prevención antes de la enfermedad. El se interesaba en ayudarle a la gente a prevenir las enfermedades manteniendo un estilo de vida saludable centrado en la aptitud física. Ese era su sueño.

A la edad de veintiuno, el abrió el primer estudio de salud en un edificio viejo de ladrillo en Oakland, California. El equipo deportivo que inventó es el equipo oficial que se utiliza en los centros de salud de hoy. El fue el primero que animó a las mujeres, a las personas con incapacidades físicas y a los ancianos a que hicieran ejercicios para su salud.

Sus métodos fueron criticados por la profesión médica, la comunidad deportiva y los medios de comunicación, hasta que obviamente se dieron cuenta que LaLanne había creado algo nuevo. Su fuerte ética de trabajo lo sostuvo por cincuenta años. Cuando le preguntaron hace poco que si qué era lo que hacía que su programa de aptitud física fuera tan exitoso, el respondió, "Yo comprendo cómo trabaja el cuerpo, los músculos, los huesos, los nervios...Lo que yo hacía en ese tiempo y lo que continúo haciendo ahora, estaba científicamente correcto...comenzar con una dieta saludable. Y ahora, todo mundo lo sabe. Era mi sueño de ver un América saludable y eso fue lo que me ayudó con el éxito."

Una jovencita que creció en la zona rural de Mississippi soñaba con ser una noticiera en la televisión. Aunque tuvo una niñez infeliz, incluyendo haber sido violada, ella mantuvo su

sueño de ser reportera. Ella se convirtió en una adolescente rebelde e incontrolable. Como último recurso, su mamá la mandó a vivir con su padre, Vernon Winfrey. Tanto el como su esposa, Zelma, sabían disciplinar a las personas. Ellos le enseñaron a Oprah la importancia de una educación, disciplina y justicia.

Oprah terminó su preparatoria y entró a la Universidad del Estado de Tennessee. Se graduó en comunicación y consiguió un trabajo en WTVF-TV en Baltimore, Maryland como la segunda reportera de las noticias de las seis de la tarde.

Unos cuantos años después, Oprah fue la anfitriona del programa AM Chicago. Después le cambiaron el nombre a el Show de Oprah Winfrey. Eventualmente, ella compró su propio programa a Capital Cities/ABC y rápidamente se convirtió en el programa número uno en Estados Unidos. Ella describe su éxito de esta manera: "Yo tenía una visión de que podía salir con éxito en lo que yo decidiera hacer. Tu tienes que creer que puedes ser lo que tu corazón desea y tienes que estar dispuesta a hacerlo."

En su libro, "Sabiduría de las Edades" *(Wisdom of the Ages)*, Wayne Dyer explica la relación entre nuestro trabajo, nuestra vida y nuestro propósito. El dice:

Cuando naces en este mundo tu trabajo nace contigo. Tú fuiste hecho para un trabajo en particular, y el deseo para ese trabajo fue puesto en tu corazón en el momento que tu apareciste. Si tu no te sientes conectado a ese propósito porque has decidido hacer algo que no te gusta, sin importar cómo fue que comenzaste ese trabajo o qué es lo que te mantiene allí, tu puedes beneficiar muchísimo si escuchas lo que tu alma te inspira en hacer.

> *Estimada Coronela Kickbusch,*
>
> *Me gustó su presentación porque estuvo hablando de las situaciones reales de la vida que suceden en la vida de la gente, y usted sabe lo que está pasando en las mentes de los jóvenes. La historia que me gustó más fue la historia de la jovencita que no apreciaba a su mamá. Mi mamá solo quiere que yo sea feliz y yo no se lo he agradecido como se lo merece. Su presentación me abrió los ojos para demostrarle cuanto la quiero, y también me enseñó que debemos decirles que los queremos cada segundo porque no se nos garantizan los días de mañana y no debemos dar la vida por hecho. Gracias por haberme inspirado tanto con esas historias. Usted también me ha inspirado a ir lejos en la vida así como lo hizo usted y no dejar que nadie me detenga de lo que yo aspiro y deseo alcanzar.*
>
> *Gracias, Alma*

El tener una buena ética de trabajo significa que comprendes y valoras lo importante que es hacer un buen trabajo. Y así como dice Wayne Dyer, puede llevarte a tu trabajo especial en la vida. ¿Qué tal si nunca has trabajado en la vida? Veo muchos estudiantes ahora que se la pasan muy a gusto porque sus padres pueden comprarles casi todo lo que les piden. Se me hace muy interesante que los adolescentes esperan tener su carro a la edad de diez y seis años. ¿Quién paga por este lujo y por el seguro caro? ¿Quién se preocupa por pagar la cuenta? Aprendí del Buró de Consumidores que un adolescente gasta un promedio de $50 a la semana. ¿De donde viene este dinero? ¿Qué va a pasar cuando ya vivas solo y de repente tengas que enfrentar la dura realidad como tener que pagar la renta, ropa, el cable de la televisión, la conexión rápida del internet, el teléfono, el agua, la

luz, el gas, el carro, el seguro del carro, los seguros médicos tanto dental como mental, los impuestos, las tarjetas de crédito y todo lo demás?

Al menos que seas lo que la sociedad nombra, "bebé con herencia", más vale que aprendas mientras estás joven qué tan importante es tener una fuerte ética de trabajo. Si tienes la curiosidad, estas personas con herencias gastan $10,000 dólares al día de su herencia. Yo les proveo entrenamiento y consulto con compañías Americanas. Según ellos, el reto más grande que enfrentan los empleados es el hecho que tienen que trabajar muy duro para lograr algo y que toma tiempo para poder ganar más dinero.

Esta realidad frustra a muchos empleados porque se han impuesto a tener todo muy pronto y a la edad muy joven. Mi propia hija me iluminó una noche diciéndome que "los padres han creado un mundo de decepción por hacer creer a la gente joven que las cosas se consiguen fácilmente. De repente, tenemos que ver que la vida de verdad no es tan fácil." Estas palabras vienen de una dama jovencita a quien le insistí en que consiguiera un trabajo a la edad de diez y seis años de edad.

Aparentemente, les facilitamos todo a los jóvenes y luego esperamos a que sean como los adultos y que trabajen duro y hacer las cosas correctamente. Te animo a que te des el mejor regalo de todos. Consíguete un trabajo y experimenta lo difícil que es tener que ganarse un dólar. Te garantizo que respetarás el dinero, y ganarás una increíble ética de trabajo que te servirá por el resto de tu vida. Aprendí algo interesante de un artículo escrito en la revista *Fortuna*: De las primeras diez personas del mundo expertos en hacer dinero, cinco de ellos vinieron de antecedentes humildes que les requirió tener que trabajar cuando estaban jóvenes.

Yo comencé a trabajar cuando tenía doce años. Recuerdo el orgullo que sentí cuando le dí todas mis ganancias a mi padre quien estaba batallando financieramente para mantenernos. Mientras tal vez no tengas que enfrentar esta situación, el trabajar te puede proveer con un gran orgullo por ti misma. No

esperes que todo el dinero lo vas a recibir de tus padres. Has tu parte en la casa. Recuerda que estás viviendo sin tener que pagar renta, ni comida, ni la luz y el gas y tus padres te compran tu ropa. ¿Puedes pagarles a tus padres por todo lo que te proveen a diario? Es más fácil de lo que piensas. Demostrando una buena ética de trabajo tanto en la escuela, como en la casa y tomando un trabajo de medio tiempo es una gran manera de decirles y darles las gracias a tus padres.

Ahora me doy cuenta que la esencia del trabajo – el trabajo correcto – es de entender que su importancia cae no solo en lo que hacemos o hemos hecho, sino en lo que nos hemos convertido porque valoramos nuestra ética de trabajo. El encontrar satisfacción en nuestro trabajo, sin importar el tipo de trabajo que hacemos, es una experiencia espiritual. Esa era la filosofía de mi padre y la mía también. Tener una fuerte ética de trabajo, de sentir que lo que estamos haciendo es lo correcto para nosotros mismos, para nuestro desarrollo y crecimiento y bueno para el mundo. Al mismo tiempo puede ser uno de los triunfos más grandes de nuestras vidas.

Voy a compartir algo que no mencionan muchos libros que hablan de ética de trabajo, especialmente libros que se escriben con la audiencia joven en mente. Yo creo que el trabajo es una actividad espiritual. Constantemente nos preguntamos si estamos en el trabajo correcto. Hablo en serio sobre mi creencia de que el trabajo es espiritual. La frase *laborae est orare* (laborar es orar), escrito por San Benito hace como 1,400 años, todavía es una iluminación poderosa. Yo creo que los jóvenes son mucho mas espirituales que los adultos creen, y me pregunto si tú, lector joven, has considerado la naturaleza espiritual del trabajo. Si San Benito está en lo correcto, y yo creo que lo está, nuestro trabajo es como una oración. Y como una oración, está cargado con significado y valor.

Mi padre fue un ministro por treinta años y yo soy testigo de su fuerte ética de trabajo. Mi padre trabajó con sus manos por 83 años sin quejarse. A mi se me enseñó trabajar duro y de

tenerle un respeto saludable al trabajo. Tengo la fortuna de verdad de amar lo que hago para ganarme la vida y voy a hacer lo posible para ayudarte a que tú también adquieras ese mismo sentimiento de satisfacción.

Una de las llaves para obtener la felicidad y el éxito en el trabajo es tener una fuerte ética de trabajo. La ética de trabajo se tiene que nutrir sin importar qué tipo de trabajo estás haciendo, porque te va a guiar al trabajo que estás propuesto a hacer. Muchos de los trabajos que vas a tener de joven no son los trabajos que quieres hacer porque usualmente son los trabajos que se hacen después de clases. Pero tienes que hacer un buen trabajo si esperas encontrar el trabajo que te llama. Te puedo decir por experiencia que el trabajo puede ser difícil y dramático. Es un juego con riesgos en donde se comienza a desenvolver nuestra identidad, nuestro estimulo personal, nuestro valor y nuestra habilidad de hacer una vida decente.

El trabajo, cualquier trabajo, todo trabajo, es donde nos podemos realizar o deslizar. Pero voy a compartir un secreto. El hecho de hacer o deshacer no se puede medir simplemente con el dinero, el poder, la condición, o la posición. Podemos ganar y perder fortunas, podemos formar nuestra reputación o perderla, o podemos asegurar nuestra salud o arruinarla. Podemos escoger el trabajo o escaparnos de el. Pero el trabajo es una peregrinación. Es una jornada para expresar o esconder nuestros talentos y habilidades. Podemos poner a prueba nuestras habilidades o esconder nuestro valor.

El buen trabajo, hecho bien por las razones correctas, siempre será y siempre va a ser una señal de madurez interna y externa. Es nuestro regalo para nuestra familia, nuestra comunidad, nuestra sociedad y para nosotros mismos. Sin una fuerte ética de trabajo, fallarás – y desilusionarás a las personas que te aman y dependen de ti. Al honrar tu ética de trabajo, te honras tú, a tus padres, a tu familia y a tu Dios.

Ejercicios de Reflexión

1. Aparta quince minutos. Toma una hoja en blanco y escribe lo siguiente en la parte de arriba. Las cosas mas importantes que he aprendido sobre el trabajo son... Escribe todas las ideas que tengas en los siguientes diez minutos. Durante los últimos cinco minutos, decide cuales son las cinco cosas más importantes y escríbelas en las siguientes líneas:

2. Vé de nuevo a las cinco cosas que escogiste de la lista de arriba. En los siguientes renglones, describe cómo es que cada una de estas ideas claras te ayudaron a ser más exitoso en el trabajo o en la escuela.

3. Completa las siguientes declaraciones:

Yo estoy dispuesta a trabajar porque:

Yo recibí mi ética de trabajo:
  quien me enseñó a:

En este capítulo dijimos que el trabajo nos realiza o
nos desliza. Bueno, el trabajo me realiza o me desliza
  porque:

Las personas que admiro mas por tener una ética de
trabajo muy fuerte son:
  porque:

He tenido algún tipo de trabajo desde que tengo:

  y creo que todos deberían de:

Lo que más me gusta de mi trabajo actual es:

  y creo que todos deberían de:

Lo más importante que aprendí de este
capítulo es:

*Debes de mantener una gran
ética de trabajo en medio de tu
ocupación y al estar ocupado.*

Debemos permanecer con disciplina y debemos tener éxito, sino nuestros hijos y nuestros nietos con todo derecho preguntarán por qué no entregamos todo nuestro mejor esfuerzo.

(Arthur Ashe)

Si tienes la disciplina, te liberará.

(Peter Hall)

Extraordinarias cadenas de montañas y paisajes son esculpidas por el poder de las disciplinadas gotitas de lluvia.

(Edward de Bono)

Capítulo 10
Auto-Disciplina

Las personas con auto-disciplina convierten momentos "perezosos" a momentos "ideales".

¿Alguna vez has establecido metas, has hecho tu resolución de Año Nuevo, o haberle prometido a alguien o a ti mismo que ibas a hacer algo para mejorar tu vida? Si eres como la mayor parte de los jóvenes, tus intenciones son buenas, pero usualmente le hace falta movimiento y determinación a tu seguimiento para cumplir con tus promesas y alcanzar las metas que has establecido.

Es fácil anunciar con entusiasmo tus planes de lanzar un negocio nuevo que has desarrollado tú mismo junto con listas de verificación, buenas intenciones y fechas de vencimiento. Pero la prueba real de tu compromiso viene a los 30, 60, ó 120 días después. Muchos jóvenes raramente tienen la auto-disciplina de convertir sus intenciones a algo mas que *"deseos"*. Está bien desear algo, pero tienes que convertir esos deseos en acción. De otra manera, la chispa que incendió tu deseo intenso se va a convertir en brasa cuando el ardor inicial se apague.

Los estudios sobre personas energéticas y prósperas demuestran que son personas auto-disciplinadas y persistentes cuando trabajan hacia sus metas. Sin embargo, parece ser que los jóvenes con menos éxito pierden interés y permiten ser distraídos. El filósofo, músico y médico francés que se ganó el Premio Nobel, Albert Schweitzer, creía con fervor que "la tragedia de la vida es lo que muere dentro de la gente mientras viven." Para muchos jóvenes, su pasión y su espíritu parecen escaparse cuando su excitación poco a poco va desapareciendo.

Aunque todos tenemos nuestros "días de duda" o nos encontramos en la "ciudad de la piedad" donde nos damos lástima, y nos sentimos cansados y vulnerables, los jóvenes que tienen una determinación y tienen auto-disciplina, re-botan rápidamente y siguen su camino sin desviarse para cumplir sus promesas y alcanzar las metas de la vida. En la siguiente historia, un joven aprende sobre la importancia de la disciplina, el trabajar duro, y los beneficios que recibió.

El vivía en una chocita arriba de una loma como a una milla de una huerta de árboles de nueces. Su padre era un obrero y uno de los trabajos de su papá era sacudir los árboles con un gancho largo para que cayeran las nueces. El trabajo de Antonio era separar las nueces de su cáscara y empaquetarlas. Sus brazos estaban bronceados por el sol y el jugo de la nuez y ampollados por el trabajo tan duro. Pero, Antonio de cinco años de edad le gustaba trabajar al lado de su padre.

Como la mayoría de las familias inmigrantes, su familia se mudaba de hacienda en hacienda. Ellos pizcaban de todo:

nueces, tomates, lechuga, limones, naranjas, uvas, y algodón. Él se paraba detrás de las máquinas desgranadoras separando frijol con una mano y protegiéndose su cara de la tierra y escombros con la otra. Su padre le enseñó tener responsabilidad, ser honesto y tener auto-disciplina. Voy a dejar que Antonio hable sobre su experiencia en el campo cuando era niño:

Como los gitanos, nos íbamos como vagabundos de una casa a la otra. Cargábamos nuestra casa en nuestras espaldas. Nunca perderé el sentimiento de levantarme antes que el sol, y trotar hacia los campos con mi padre, de querer complacerlo a el y a mi madre, y de ayudarles a proveerles a nuestra familia. Era algo mágico. No importaba donde estábamos ni lo que estuviéramos pizcando. Lo que importaba era que teníamos un trabajo que teníamos que hacer – juntos – y que mi familia me necesitaba. Con nuestros esfuerzos disciplinados y combinados, hicimos una vida de ninguna vida.

Antonio creció en Chihuahua, México en 1915. Comenzó su carrera como actor a la edad de veinte para mejorar su inglés. Estoy segura que sabes de este actor, escritor y productor. En su biografía, "El Tango de Un Hombre" (One Man Tango), Anthony Quinn captura la importancia de cómo un trabajo honesto y con disciplina, contribuye a nuestra autonomía e independencia. Así como yo, nunca perdió la vista de sus raíces, y así como yo, el es el producto de una familia muy trabajadora que entendían el valor de la auto-disciplina al pasar el tiempo.

Si quieres ser más auto-disciplinado para librarte de hábitos que te están destruyendo así como el fumar, beber el fin de semana, tener sexo casual, o ser un holgazán, entonces tienes

que aprender a manejar tu vida fuera de todo eso. La auto-disciplina es más que un proceso de pensar. Es un acto de voluntad. Tienes que tener mucho más fuerza de voluntad que pereza. ¡Tienes que hacer mucho más que simplemente decir que no!

Vas a tener que enfrentar muchas tentaciones, presión de tus compañeros, y tu propia manera de dudarte a ti mismo así como tu falta de disciplina. Tienes que tener un plan para poder estar en otro lugar los viernes y sábados en la noche, en lugar de estar en una fiesta en donde se están sirviendo drogas y alcohol. Tienes que tener una razón específica para no meterte en el asiento de atrás de un carro con alguien que no entiende las consecuencias negativas de tener sexo casual. Te tiene que importar mucho tu salud y tu bienestar para que pares de ponerte los cigarrillos en tus labios o comida en tu estómago que no es saludable.

No continúes tomando drogas ni andes con las personas que la toman. La mayoría de los jóvenes que toman drogas, lo hacen para poder encajar con el grupo. ¿Cómo puedes encajar o ser parte del grupo si tú mismo no te comprendes bastante bien para saber quien está encajando? Mucha gente toma drogas porque se sienten inferiores. Entre más se elevan con las drogas, más inferiores se sienten. Desafortunadamente, el abuso de drogas es el abuso del alma. Cada vez que tomas drogas, pagas un precio terrible por sabotear tu felicidad y tu éxito.

Si tú te estas derrumbando por la presión de tus compañeros que te dicen que tomes drogas, tengas sexo antes de casarte, desafíes a tus padres, darles un mal tiempo a tus maestros (si es que estás en la escuela), beber hasta que estés inconciente, o robar algo para comprobarle a alguien tu valentía, entonces ¡te has vendido! Has escogido deshonrarte a ti mismo y a bloquear tu potencial. Esa fue una declaración muy cargada así es que tal vez la quieras leer de nuevo. Leela despacio y pensativamente. Ciérrale la puerta a lo que o a quien quiera maltratarte, lastimarte o usarte. Cierra la puerta. Ciérrala y tira la llave.

Helen Nearing, en su ilustrante libro, "Amando y Dejando la Buena Vida" *(Loving and Leaving the Good Life)* ella escribe, *"Cuando una puerta se cierra, otra se abre...hacia otro cuarto, otro espacio, en donde otras cosas están pasando. Hay muchas puertas para abrir y cerrar en nuestras vidas. Algunas las dejamos media-abiertas, cuando tenemos la esperanza y el plan de regresar. Otras puertas las cerramos severamente y decisivamente....y otras las cerramos con arrepentimiento, despacito....Al cerrar una puerta significa abrir vistas y aventuras nuevas, posibilidades e incentivas nuevas.*

Helen Nearing tiene razón. Cuando se cierran puertas o a veces se tienen que aventar por los hábitos, intereses y relaciones que son destructivos para ti mismo, entonces otras oportunidades se abrirán para ti en otras áreas que afirman más nuestra vida.

Solo toma un poco de auto-disciplina y fe en ti mismo. (Vas a leer más sobre la fé en el capítulo trece – es el "pegamento" espiritual que hace que la auto-disciplina valga la pena). Escoge las áreas de tu vida en las cuales tú quieres tener más disciplina. Por ejemplo, ser más disciplinado en la manera de pensar, de sentir o en tus acciones.

Pensar Disciplinadamente

Adopta una actitud positiva sin importar lo que suceda. La mayor parte de los jóvenes no siguen con atención el número de pensamientos que tienen al día que son negativos. Hay una considerable cantidad de diálogo interno que constantemente zumba en nuestro cerebro – más de 62,000 pensamientos de

acuerdo a los sicólogos que estudian los comportamientos.

Desafortunadamente, la mayor parte del "cantorreo" mental es negativo porque la mayoría de nosotros crecemos en ambientes negativos. Nuestras escuelas, iglesias, trabajos y hogares están llenos de estos mensajes negativos así como, "no hagas esto" y "no hagas aquello" o "no le muevas". Los jóvenes que parecen tener todo en orden, se enfocan en "Sí" en lugar de "No". Ellos se concentran en lo que "sí" pueden hacer en lugar de en lo que "no" pueden hacer. Ellos saben que los cambios que quieren hacer en sus vidas están solamente a un "pensamiento" de distancia, y los pensamientos positivos lo llevan a uno a escoger cosas que usualmente producen resultados positivos.

En cualquier momento que entra a tu mente un pensamiento negativo sobre tus habilidades, tus talentos y tu valor propio, repítete esto: "Soy una persona buena que tiene un propósito especial porque Dios no hace basura." Está bien que tengas que animarte tu mismo, de convencerte tu mismo de creer en ti. Las personas que son exitosas lo hacen todo el tiempo. Ellos rehúsan estar decepcionados o preocupados. Cuando se encuentran diciéndose o pensando cosas negativas de si mismos, se preguntan, ¿Por qué estoy permitiendo que algo o alguien me esté molestando?

Recuerda, tú eres la suma total de todos los pensamientos, selecciones y acciones que tú has hecho. Si tú quieres cambiar tu manera de ser, dónde estás y quien eres – cambia tu manera de pensar. Ten cuidado con tus pensamientos, pueden ser tu futuro en cualquier momento.

Sentimientos Disciplinados

El poder controlar nuestras emociones es una señal de madurez. Desafortunadamente, desde una edad muy pequeña, se nos enseña que algunas emociones son "malas" y que no es apropiado sentirlos ni demostrarlos. Emociones fuertes así como el miedo, el enfurecimiento y los celos son vistos como muy negativos. Cuando se nos dice "No es bueno estar enfurecido," o "Para de llorar" o "Los muchachos no deben tener miedo," entonces aprendemos a suprimir nuestras emociones. Detenemos estas emociones tan fuertes muy adentro hasta que un día explotamos con furia y hostilidad.

La cosa importante de recordar sobre las emociones, es que las emociones en si mismas no son malas. ¡Solo son emociones! Las emociones nos pueden demostrar que una situación en particular está mal, que algo se necesita decir o hacer, de que estamos cómodos o incómodos con lo que está sucediendo o con lo que va a pasar. Las emociones nos ayudan a expresar nuestros pensamientos para que las personas nos puedan comprender. A veces nuestras emociones son intensas y directas, y otras veces puede ser difícil que otras personas nos comprendan.

Una cosa sin duda, lo que te preocupa, lo que te causa que pierdas control, lo que te asusta, lo que te causa dudarte, o lo que te hace sentir culpable, eso es lo que te enseña y te supera. Nosotros escogemos tener emociones descontroladas si nos basamos en las creencias negativas que tenemos sobre nuestra habilidad de tratar con ciertas situaciones y con nuestra auto-estima negativa. Tú vas a poder controlar tus emociones una vez que sepas que nadie te puede hacer sentir con temor, furia o ansiedad sin tu consentimiento.

Acción Disciplinada

Cada acción que tomes, cada gesto que haces, todo lo que hagas, va a ser una victoria o una derrota en tu jornada de llegar a ser lo que quieres ser. Las acciones hablan más claro que las palabras, y la gente te juzga en lo que observan en ti. ¿Están

sincronizados tus pensamientos, tus sentimientos y tus acciones o tus actos contradicen tus creencias y tus valores. ¿Confundes la actividad con la realización?

> Estimada Coronela Kickbusch,
>
> Quiero agradecerle por haber venido a la escuela de Omaha South. De verdad pensé que iba a ser otra presentación enfadosa. Falté en tomar mi examen de matemáticas para venir a escucharla a usted. En realidad pienso que valió la pena porque hoy crecí un poco más mentalmente....
>
> Sean

¿Cómo registra tu medidor de satisfacción diaria? ¿Registra tu felicidad y tus logros con un nivel "alto" o registra tu satisfacción y falta de oportunidades con un nivel "bajo"? ¿Qué tan disciplinado estás cuando se trata de decirle "no" a las drogas y al alcohol, al sexo pre-marital, a hacer la pinta en la escuela, faltar al trabajo, culpar a otros por tus maldades, o darles un mal tiempo a tus padres? ¿Cuando fue la última vez que rehusaste comer comida que tiene mucha grasa o está alta en colesterol? En una escala del 1 al 10, con el 10 equivaliendo a muy disciplinado ¿Qué tan disciplinado estás?

Te voy a decir algo y espero que tengas bastante fe en mi para creer: La *auto-disciplina es cuidarse* uno mismo. El ser bastante disciplinado para defender tus creencias, mantener tus promesas, y ser verdadero contigo mismo es el primer paso en tu jornada hacia una vida feliz, saludable y exitosa. Si tú has *leído* este *libro* hasta aquí, tú tienes la disciplina que se necesita para darle seguimiento a tus compromisos. Va a ser tu enfoque disciplinario hacia las cosas que son importantes en tu vida lo cual te ayudará a voltear los minutos de pereza a momentos ideales.

Ejercicios de Reflexión

1. Aprende a convencerte de ti mismo hablándote altamente de ti mismo. Yo no te estoy diciendo que seas egotísta o narcisista. Yo estoy hablando de un enfoque disciplinario de animarte mentalmente cuando te sientas triste o cuando sufras una derrota. Lee el alfabeto e identifica palabras positivas que correspondan con las letras del alfabeto. Luego comienza cada palabra con la frase, *yo soy*. Por ejemplo, *Yo soy* atractiva, *Yo soy* brillante. *Yo soy* creativo. *Yo soy* disciplinado. *Yo soy* entusiasta. Completa las siguientes declaraciones positivas comenzando con la letra "f."

Yo soy f_____   Yo soy m_____

Yo soy g_____   Yo soyn_____

Yo soy h_____   Yo soy o_____

Yo soy i_____   Yo soy p_____

Yo soy j_____   Yo soy q_____

Yo soy k_____   Yo soy r_____

Yo soy l_____   Yo soy s_____

Repite estas frases positivas varias veces diciéndotelas a ti mismo durante el día. Úsalas como afirmaciones. Si tienes bastante disciplina para decirlas todos los días, vas a notar una forma muy distinta de como te ves tu mismo.

2. Aquí están unos ejemplos de declaraciones de auto-disciplina que muchos estudiantes por todo América han usado para recordarse de mantener sus promesas y sus compromisos. Mira cuántos de estos puedes adoptar para ayudarte a ser un "guerrero de la disciplina" también:

Yo no voy a beber ni manejar.

Yo no voy a tomar ventaja ni hacerle el ridículo a personas menos afortunadas que yo.

Yo voy a tratar a todas las personas que conozca con dignidad y respeto.

Yo voy a mantener mis promesas y honrar mis compromisos.

Yo no voy a robar lo que no es mío.

Yo voy a honrar a mis padres, mis hermanos y mis hermanas.

Yo voy a trabajar todos los días para mejorar mis talentos y mis habilidades.

Yo voy a:

Yo voy a:

Yo voy a:

Yo voy a:

Yo voy a:

Yo voy a:

3. Completa las siguientes declaraciones:

Al ser más auto-disciplinado, yo creo que yo puedo:

Una vez que logre eso, yo creo que mi vida va a cambiar de la siguiente manera:

Para poder ser más auto-disciplinado, yo tengo que:

Para el mismo día de la semana que viene, voy a ser más auto-disciplinado en:

Un mes después de hoy, habré beneficiado de mi enfoque disciplinario en las siguientes maneras:

La auto-disciplina es la administración consistente del cuidado propio.

Todos tienen áreas e intereses especiales en los cuales tienen talentos creativos.

(Howard Gardner)

La semilla de la creatividad está allí, en la criatura: el deseo y el impulso de explorar, de enterarse de las cosas, de poner a prueba las cosas, y de experimentar con maneras distintas de hacer y ver las cosas. Mientras van creciendo, los niños comienzan a crear universos enteros de la realidad dentro de sus juegos.

(Teresa Amabile)

Tu imaginación es tu presentación preliminar de las atracciones que vienen en la vida.

(Albert Einstein)

Capítulo 11
Creatividad

La mente creativa brinca, hace un doble salto, da vueltas y se clava de una idea a la otra.

En su libro distinguido, "Animando el Corazón" *(Encouraging the Heart)*, James Kouzes y Barry Posner comparten la historia de Sonya Lopes, una coordinadora reformista escolar de Turnbull Learning Academy, una escuela pública de primaria en San Mates, California. Ella decidió que los estudiantes y la facultad necesitaban más diversión. Ella había leído el libro de Dave Hemsath y Leslie Yerke, "301 Maneras para Divertirse en el Trabajo" *(301 Ways to Have Fun at Work)*, y comenzó a implementar las sugerencias de los autores en su trabajo. Así como lo dijo ella, "Soy una consejera, crítica, escuchante, socia pensativa, y confidente del director de la escuela. Yo sentí que necesitábamos un enfoque más pro-

activo en la búsqueda de oportunidades de diversión – para todos. Así es que, improvisamos."

Ella puso la palabra *"diversión"* en todos los lugares muy llamativos que podía encontrar: en la puerta de su oficina, en la puerta del director, en los pasillos, en su calendario, y en las paredes de los cuartos de reuniones. Por una semana, les pidió a sus colegas que completaran y le regresaran los "viejos cuestionarios del personal" doblándolos en aviones y volándoselos hacia ella. Con mucho entusiasmo anunció que "por primera vez, todos regresaron su cuestionario."

El grupo voluntario de padres (PTA) se comenzó a involucrar y decoraron los baños del personal, los pasillos y la cafetería con popurrí, rótulos, y colgantes para la pared muy coloridos. "Lo que aprendí," dijo Lopes, "fue que cuando animamos los corazones de otros, yo también me animo. Cuando me iba caminando por la escuela sonriéndole a todas las personas que iba conociendo y llamándoles por su primer nombre, me sentí exaltada. Hacía panecillos y les ponía notitas con mensajes que les levantaba el espíritu a los maestros. La moral subió. Las sonrisas incrementaron. La escuela estaba llena de diversión y de ligereza.

Sonya Lopes usó su creatividad para transformar una escuela primaria a una institución de aprendizaje llena de diversión. Ella utilizó un enfoque creativo para agregar un poco más de conmoción y de sazón a lo que hubieran sido días escolares aburridos. Los estudiantes beneficiaron y también benefició la administración. La escuela también benefició de los padres de los estudiantes, porque solo estaban esperando la oportunidad para involucrarse más y hacer el ambiente de la escuela un ambiente de aprendizaje con la diversión a la misma vez.

El propósito de este capítulo es para ayudarte a que creas en tu propia habilidad creativa y que adoptes la creatividad como uno de tus valores principales. La creatividad no es sólo para los años que estás en la escuela, pero para toda la vida. Vas a encontrar que la mayor parte de tus éxitos en la vida van a venir de tus ideas creativas, tal vez mucho más que de tus pensamientos racionales.

Cuando le pido a los jóvenes en América que mencionen a alguien que es creativo, muchos me dicen los siguientes nombres: Albert Einstein, Thomas Edison, George Washington Carver, Alexander Graham Bell, Walt Disney, Michaelangelo y Norman Rockwell. Cuando les pido que nombren personas consideradas creativas en nuestros tiempos recientes, los jóvenes usualmente se refieren a: Bill Cosby, Jim Hensen, Steven Speilberg, Steve Jobs, David Copperfield y Robin Williams.

La clasificación creativa usualmente se le asigna a los inventores, artistas, escritores, actores, músicos, comediantes y científicos muy conocidos. Algunas personas parecen ser más creativos que otros, pero es porque usan su creatividad en lugar de esconderlo. Todos somos creativos. Ser creativos es parte de nuestra esencia, pero debemos permitir que nuestra creatividad brille. Chuck Jones, el productor de dibujos que creó Wile E. Coyote, la caricatura del coyote en el Corre-Caminos, dice que para poder dibujar un coyote, "tienes que tener un coyote dentro de ti…y es tú trabajo tener que sacarlo…tienes que encontrar el coyote que está en tu interior."

¿Alguna vez te ha sucedido esto? Andas caminando, paseándote en tu bicicleta, descansando o corriendo. De repente, se te viene a la mente una solución a un problema que te ha estado molestando por algunas semanas. Y te preguntas, ¿Por qué no había pensado en eso anteriormente?

En dichos momentos, tú has tenido contacto con el espíritu creativo, ese genio ilusivo de buenas ideas, y a veces de ideas increíbles. Cuando nuestro espíritu creativo se despierta, nos da energía y nos llena de un deseo de crear algo que valga la pena. Sin importar quien seas, puedes ser producto de un *barrio*, de una familia sin padre, de una familia sin padre ni madre, de una familia grande o pequeña, o de una vecindad rica – el espíritu creativo puede penetrar tu vida – si lo dejas entrar. Está a la

mano de quien quiera mantenerse ocupado, explorar, y dejar las cosas mejor de lo que están.

El espíritu creativo estaba trabajando en la vida del Dr. Martin Luther King, Jr.. Su visión de soluciones sin violencia cambio la nación. El espíritu creativo estaba trabajando durante la vida del escultor, Luis Jiménez, el autor Victor Villaseñor, el futbolista Joe Kapp, y la compositora musical Joan Baez. Pero ese espíritu creativo aparece también en la ama de casa audaz que transforma sus recursos financieros limitados en ropa para su familia. Aparece en la maestra que inspira y constantemente puede motivar a sus estudiantes, y en padres con pocos recursos que buscan la manera de mandar a sus hijos al Colegio Universitario.

> Estimada Coronela Kickbusch,
> ...Gracias por venir a "South" y enseñarlos sobre la vida. Usted me hizo pensar lo duro que trabaja mi madre por todos nosotros, los chamacos.
> Muchas de sus historias fueron muy conmovedoras. Recuerdo haber tenido lágrimas en mis ojos en ciertas ocasiones, y ninguna presentadora ha tenido ese efecto en mi de tal manera....
>
> Sinceramente,
> Jackie

La gente creativa siempre está pensando en cambiar algo para mejorarlo. Siempre están buscando qué reparar. Siempre se están haciendo preguntas así como, ¿Qué es lo que hace sentido aquí? ¿Qué es lo que se vé mal? ¿Cómo puedo mejorarlo? ¿Qué tal si le hago esto a aquello? ¿Para qué otra cosa se puede usar esto? ¿Qué sucede si combino ésto con aquello? ¿Qué sucedería si....?"

Además de que todos son creativos, y eso te incluye a ti, es importante que sepas que la gente por lo general es creativa en áreas específicas. Los sicólogos se refieren a estas áreas como las "siete inteligencias". Te las voy a mencionar brevemente aquí, porque tal vez estás dotado en dos o más de estas áreas. Eso significa que puedes ser creativo en estas áreas y hacer contribuciones significantes a tu familia, tu escuela, tu iglesia y tu comunidad. Fíjate y vé si puedes reconocer tus "nichos creativos."

Lenguaje: Los poetas, los escritores y los oradores tienen una "inteligencia linguistica" que los aparta de otras personas. Parece que tienen facilidad de palabra. Ellos pueden crear una combinación de novelas con palabras y frases capturando diferentes perspectivas que son bastante novedosas.

Matemáticas y Lógica: Este tipo de inteligencia se enfoca en la habilidad numérica y de computación. Los matemáticos, los científicos, los investigadores, los programadores de computadoras y los ingenieros parecen ser los que tienen este don. Las personas que tienen este tipo de inteligencia pueden crear formulas, computaciones y secuencias lógicas que asombran a la gente que no tienen este don.

Música: La gente que tiene este don son atraídos al sonido en general y en la música en particular desde una edad muy temprana. Parece que tienen un oído perfecto para la música y son muy adeptos cuando se trata de ajustar los tonos, el volumen, y la resonancia.

Razonamiento relativo al espacio: Este tipo de inteligencia envuelve la habilidad de sobresalir con relaciones visuales. La gente con este don parecen tener la habilidad mental de comprender cómo funcionan las cosas. Por ejemplo, si le das a una persona con esta habilidad un tocador de discos compactos (CD) o cualesquier aparato mecánico, el o ella lo analiza, trata de desarmarlo y lo vuelve a armar.

Movimiento del Cuerpo: Este "genio del movimiento" como se le llama, es la habilidad de usar el cuerpo entero por medio de la agilidad, flexibilidad, fuerza y vigor, para ganarle a los competidores con menos habilidad. Los atletas, los bailarines, los instructores de yoga y entusiastas de deportes extremos tienen sumamente desarrollado la inteligencia del "cuerpo".

Comprensión Interpersonal: Las personas con esta habilidad saben leer a otras personas. Tienen la habilidad de comprender lo que motive a otros y cómo trabajar con la gente en cualquier situación. Ellos tienen una habilidad sobrenatural de influenciar a otros por medio de sus tácticas persuasivas que están altamente desarrolladas. Las personas que tienen este don en esta área tienden ser los maestros, ministros, políticos, vendedores, terapeutas y líderes más innovadores.

Comprensión Intra-personal: Las personas que poseen este tipo de inteligencia se conocen muy bien. Ellos conocen sus fuerzas tanto como sus debilidades, sus habilidades y sus limitaciones, sus creencias y sus valores. Usualmente son muy auto-disciplinados y decisivos. Ellos saben qué tan lejos pueden empujarse y tienen un sentido increíble de su propósito y orientación en la vida.

Cada una de estas inteligencias tiene su propia expresión especial creativa y su potencial. Mientras leías la definición de cada una de ellas, probablemente identificaste varias que se aplican a ti. Te animo a que desarrolles tu propio "don intelectual" en una o más de estas áreas. Tal vez pudieras ser el siguiente Michael Jordan, Annika Sorenstam, Nancy López, Bill Gates o el Presidente de Estados Unidos. No estoy bromeando. Una vez que desarrolles tu inteligencia y tus talentos especiales, tu puedes ser todo lo creativo y exitoso que quieras ser. Y lo vas a poder lograr porque tienes ese "don" especial.

Todas las personas que son sumamente creativas parecen tener las siguientes cosas en común:

1. **La gente creativa cree que son creativos.** Ellos reconocen qué tan imaginativos e innovadores son en ciertas áreas de su vida. Ellos le ponen atención a ideas pequeñas y a las intuiciones que pasan. Aunque no sea aparente hacia donde los lleva su intuición, ellos confían en sus instintos creativos y creen que son capaces de pensar en ideas nuevas.

2. **Ellos buscan por la segunda, tercera, cuarta, o treceava contestación correcta.** La gente creativa raramente aceptan la primera respuesta correcta. Ellos saben que la mayor parte de la gente brincan a las conclusiones y aceptan la primera solución rápida que se propone. Las personas creativas saben que cuando se tiene que resolver un problema, nada es más peligroso que una idea cuando es la única idea que tienen.

3. **La gente creativa raramente obedece a ciegas las reglas y suposiciones.** Las reglas anticuadas, regulaciones agotadas, pólizas ridículas y el "statu quo" son banderillas rojas para las personas creativas. Aunque muchas regulaciones, reglas y pólizas son necesarias, y deben de honrarse, hay algunas que se pueden cambiar o eliminarse. Estas personas creativas ven las reglas y las pólizas como guías que están ahí para servir las necesidades de la gente, no para que se usen como camisa de fuerza para mantener a la gente como prisioneros.

4. **La gente creativa tiene una alta tolerancia por la ambigüedad y la incertidumbre.** Ellos se sienten muy cómodos en medio del cambio y reciben con agrado los riesgos. Les gusta el sentimiento de aventura que viene de frente con un conocimiento nuevo. A la gente creativa raramente le gusta la rutina y creativamente le sacarán la vuelta.

5. **La gente creativa hace muchas preguntas.** Hacen preguntas comenzando con, ¿Y qué sucede si....? o ¿Por qué...? Ellos preguntan sobre todo. Retan todas las suposiciones antiguas. Tienen una curiosidad natural. Mantienen su intuición y sus ojos abiertos.

6. **A la gente creativa le gusta pensar en trillones de ideas.** Les gusta sacar ideas pensando en las diferentes maneras de usar algo o las diferentes maneras de cómo hacer algo que pueden hacer. Por ejemplo, ¿De cuántos usos distintos puedes pensar que tiene un disco CD, una moneda, una almohada, una paja o popote?

7. **La gente creativa viaja fuera de las carreteras más usadas.** Ellos exploran las cosas que no conocen y se van a las áreas donde no tienen mucho conocimiento o experiencia. Buscan semejanzas, conexiones, y alianzas entre las cosas en un ambiente que pueda modificarse, mejorarse y usarse en otro lado. Ellos saben que la rutina y la familiaridad causa que la gente se aproveche de las cosas y llegar a estar menos alerta de sus alrededores. Cuando hacemos algo que no hemos hecho antes, nos sacude fuera de nuestra rutina y nos ayuda a conocer nuevas perspectivas.

8. **La gente creativa le tiene confianza a su intuición.** Antes de las matanzas en la escuela preparatoria de Columbine, en Littleton, Colorado el día 20 de abril de 1999, algunos cuantos estudiantes presintieron que algo trágico iba a suceder ese día. Varios de los estudiantes dijeron que la intuición que sentían meses antes de la matanza, les decía que las bromas fastidiosas y extensas que estaban presenciando en la escuela, iba a estallar en violencia si los administradores no tomaban acción. Algunos de los estudiantes se quedaron en sus casas ese día fatal porque sus intuiciones estaban muy fuertes, y sus instintos eran quedarse en casa.

Yo soy madre. Tengo cinco hijas y me gano la vida hablando con estudiantes en toda América. Yo quería comprender por qué estudiantes quisieron matar a sus compañeros de clase en sangre fría. Por mi propia profesión que he escogido, yo sentí que necesitaba poder tranquilizar a estudiantes, así como a mis propias hijas de que todo iba a estar bien. Tanto mi sentido común como mi intuición me indicaron que me preparara.

Sabemos ahora que algunos de los jóvenes que dispararon culpaban a sus padres, maestros y compañeros de clase por no comprender su desaliento, humillación y enfurecimiento que sentían hacia los compañeros que los estaban fastidiando. Una de las jovencitas que recibió un disparo, sentía inquietud de ir a la escuela ese día, pero decidió ir de todas maneras.

Esta es una historia trágica sobre nuestra falta de habilidad de escuchar nuestra propia intuición, pero nos recuerda qué tan fuerte puede ser nuestra intuición. En una nota positiva, Estee Lauder, la fundadora de la compañía cosmética que lleva su nombre, era famosa por su capacidad intuitiva de escoger perfumes con gran éxito de ventas. Cada vez, su pronosticación era mejor que la de los analistas. Linus Pauling, el ganador del Premio Nóbel, se dio cuenta de la figura de la molécula cuando notó que una hilera de muñecas de papel era semejante a la figura de una hélice. David Robinson, del NBA, del equipo San Antonio Spurs, tomaba su posición en donde él "sabía" que iba a llegar el rebote.

Aprende a escuchar el "sentimiento de tus entrañas", la manera en que tu intuición te llama la atención. Las respuestas a muchas de las preguntas de la vida requieren más que el pensamiento racional. Algunas veces sus soluciones necesitan orientación guiada por las "entrañas, para que nos dirijan en la dirección correcta. Así es que libera a tu espíritu creativo y aplícalo a todo lo que haces, especialmente cuando los destinos que enfrentas no te dan las respuestas que necesitas. Adopta la creatividad como uno de tus valores principales para que puedas

hacer lo mejor en encontrar respuestas creativas a circunstancias y problemas dificultosos.

Recuerda la historia que compartí al principio de este capítulo sobre Sonya Lopes, la coordinadora reformista. Ella decidió que el aprendizaje debe de ser divertido, y por medio de su creatividad, ella superó el sentimiento moral en toda la escuela de San Mates, California. Tu puedes llenar tu vida, y la de los que te rodean, con "diversión y ligereza" expresando tu propia creatividad única.

Ejercicios de Reflexión

1. Simbólicamente toma los siguientes pasos para que puedas desprenderte de tus creencias y actitudes negativas que tenías antes sobre la falta de creatividad que tienes:

❖ Escríbele una carta a tus pensamientos negativos, dudas, temores, y preocupaciones sobre tu falta de habilidad creativa. Dile a cada uno de estos pensamientos lo que piensas de ellos. Tienes que ser específica al indicar cada caso. Explica por qué ya no quieres dudar de tu creatividad.

❖ Lee la carta en voz alta para ti misma.

❖ Rompe la carta y tírala en la taza del baño.

❖ Prométete a ti misma que de hoy en delante tu vas a honrar tu propia creatividad.

2. En una libreta, o un diario, has una lista de cada uno de los éxitos que has experimentado en la vida. Trata de acordarte de todo. Incluye tus éxitos en la casa, en la escuela, el trabajo, pasatiempos, actividades voluntarias, relaciones, amistades, viajes, salud, la iglesia, y otras cosas.

Lee tu lista e identifica las áreas en dónde has experimentado más éxito que en otros. En tu mente, visualiza tu siguiente éxito significativo en una de esas áreas. Nombra dos o tres de tus futuros éxitos y describe cómo se irá a ver:

Ahora, cierra tus ojos y piensa en las áreas donde has experimentado muy poco éxito. Visualiza tu siguiente éxito significativo en una de esas áreas. Describe como se vé ese éxito:

3. Pretende que tienes cincuenta años más de lo que tienes ahora. Tu historia de tu vida está en la primera plana de una revista popular. Mientras lees la historia de tu vida, ¿cuáles son las cinco cosas mas importantes que lograste: premios, realizaciones, destrezas, o éxitos. Anótalos en la parte de abajo. Recuerda que todas estas realizaciones han tomado lugar en los siguientes 50 años:

4. Contesta cada una de las siguientes ponderables con tu propia satisfacción creativa:

   ❖ ¿Qué tan alto es arriba?

   ❖ ¿De qué color es el viento?

   ❖ ¿A dónde se van tus piernas cuando te levantas?

   ❖ ¿Cuál es el sonido del silencio?

Cada acto creativo es un acto de liberación que deja que el espíritu se eleve.

Una persona que fundamentalmente es honesto, no necesita un código de ética. Los Diez Mandamientos y El Sermón del Monte tienen el código de ética que cualquiera necesita.

(Harry S. Truman)

Cuando la abundancia se ha perdido, nada se ha perdido; cuando se pierde la salud, algo se ha perdido; cuando la ética se ha perdido, todo se ha perdido.

(Billy Graham)

Si la gente no tiene cuidado con las cosas básicas – decir la verdad, respetar los códigos morales, o tener una conducta apropiada – ¿quién puede creerles en otras cuestiones?

(James Hayes)

Capítulo 12
Ética y Moralidad

Vivir éticamente y moralmente es fácil: ¡Si la cuestión es hacer lo correcto, hazlo!

Durante mi viaje de una escuela a otra alrededor de Estados Unidos, me he dado cuenta que sí hay muchos jovencitos decentes, con ética y con moralidad en esas escuelas. Muchos jóvenes nos están diciendo lo que necesitan y lo que sienten que necesita la juventud de América para poder

hacer contribuciones significantes. Aquí está lo que oigo cuando los escucho.

En las palabras de la actriz y anfitriona de televisión, Maria Conchita Alonso, nuestra juventud quiere que "se les respete por lo que son por dentro, por su alma, por las buenas acciones que hacen en la vida, no por el poder que tengan o qué cantidad de dinero tienen." Ellos quieren un mundo más afectuoso, tierno, un lugar donde hay más compasión y amor en lugar de la hipocresía.

Ellos me dicen que quieren menos enfurecimientos y menos desacuerdos, y de ponerle alto a los pleitos, guerras y la violencia. Quieren un lugar en donde las personas se respetan uno al otro, se comparten uno con otro, y se ayudan uno al otro. No quieren que las personas se roben uno al otro ni que acumulen cosas y las guarden en lugar de compartirlas. Ellos creen que la gente no debería lastimarse unos a otros o hacer cosas que debilita el éxito y la felicidad de otro.

Quieren un lugar en donde la gente ni siquiera pensaría en mentirle a otra persona, un lugar donde la confianza y la honestidad se valora, y la gente se comporta honradamente; un lugar ético donde a la gente se le trata con igualdad y son juzgados por la fuerza de su carácter y no por el color de su piel. La gente joven quiere un mundo donde cada individuo es amado y honrado como un ser humano.

Los adolescentes con los que he hablado, y he escuchado, quieren una oportunidad de desarrollar sus talentos y sus habilidades. Quieren ser ciudadanos productivos, de criar a sus familias en un lugar seguro, y quieren prosperidad y paz. Ellos quieren vivir en una casa bonita, y manejar un buen carro, pero reconocen la importancia de mantener las cosas materiales en perspectiva.

Quieren que sus padres estén contentos y saludables, aunque estén casados o divorciados. No quieren estar en medio de las discusiones de los padres. Quieren armonía, paz, amor y alegría en el hogar. Por la inquietud que sienten ahora después

de la amenaza terrorista, ahora quieren que se les escuche sus ideas y soluciones.

Quieren mejores escuelas, mejores vecindades, presidentes ejecutivos que sean éticos, y hogares, vecindades y escuelas libre de drogas. Nuestros niños quieren hogares estables en lugar de hogares inestables. Quieren escuelas y colegios centrados en los estudiantes en lugar de un ambiente educacional de calidad inferior. Quieren consejeros que les van a ayudar sin descarrilarlos.

Esas son las cosas que me han dicho que quieren los jóvenes alrededor de América, y una cosita más. Lo más importante y más revelador de todo. Lo dejé para lo último porque establece la base para el resto de éste capítulo, y tal vez el tema para este libro. Fue lo primero que tenían en su lista:

La gente joven de hoy quieren expresar quienes son y llegar a vivir su máximo potencial y disfrutar toda la libertad que puedan en un ambiente donde son criados, nutridos, educados y empleados por personas éticas y con moralidad.

¿No es una maravilla? La mayoría de nuestra juventud quiere a personas que modelen lo moral y lo ético. Ellos quieren saber el bien del mal. Una cosa es segura, los jóvenes observan a sus padres, a sus maestros y a los adultos en general y dan su opinión a lo que ven. Los adolescentes son agudamente sensitivos a las inconsistencias entre lo que aconsejan los adultos y lo que hacen. Como dice el dicho, las acciones dicen más que las palabras. No deberíamos esperar que los jóvenes van a ser éticos y morales si lo único que ven es un comportamiento inmoral y con falta de ética de parte de los adultos. Aunque sea de pura rebeldía, o simplemente su deseo de tomar responsabilidad por sus acciones, los jóvenes imitan nuestras hipocresías. Si existe una diferencia entre lo que los adultos practican y lo que aconsejan, nuestros jóvenes van a imitar lo que los adultos practican y no lo que aconsejan.

Una de mis responsabilidades hacia la juventud como oradora de discursos principales, es de modelar un buen ejemplo. Yo trato firmemente de hacerlo y de tomar mi responsabilidad en serio. También creo que todos los maestros, consejeros, directores escolares y los padres deben de tomar su responsabilidad en serio. Este punto lo recalco. La juventud tiene una responsabilidad ética también. Todos somos seres humanos y todos hemos sido fortalecidos por un Dios que nos ama con la habilidad de saber lo correcto de lo incorrecto y de poder escoger lo ético y lo moral.

Yo creo que hay cosas que cada uno de nosotros puede hacer para mantenernos en el camino correcto. Quiero sugerir algunas cuantas:

❖ Podemos fomentar un compromiso genuino para fortalecer nuestras familias y ayudar hacer nuestros hogares amorosos, cariñosos y nutridos y en lugares donde queremos estar.

❖ Los padres pueden trazar con firmeza las "reglas del hogar" junto con la justificación implícita de por qué son importantes las reglas, en lugar de simplemente estar gritando ordenes. Los jóvenes pueden ver esas reglas como "contra-rieles o barandas" necesarias para proteger los valores vitales de la familia y para darles a los padres un poco de crédito por querer crear un ambiente que nutre.

❖ Podemos demostrar qué tanto valoramos el comportamiento ético y moral cuando nosotros mismos nos comportamos éticamente y moralmente.

❖ Podemos participar con cada uno en experiencias sociales así como ayudar a la gente necesitada, participar en proyectos así como Habitat for Humanity la organización que ayuda a construir casas para las personas necesitadas, llevarles comida a los ancianos por medio del programa de los asilos, cuidar del pasto de una persona anciana o ayudarle en arreglar cosas en su casa.

❖ Nosotros podemos dejarle saber a otros que nos importa su bienestar, simplemente por nuestras acciones éticas y morales.

❖ Podemos tomar el tiempo de participar en discusiones hipotéticas relacionadas con dilemas morales y éticas para poder aprender de cada quien.

❖ Podemos hablar en contra de comportamientos inmorales y con poca ética, en lugar de dar nuestro consentimiento silencioso.

❖ Necesitamos reconocer a las personas que se comportan con moralidad y fortalecen ese comportamiento. Podemos demostrarle a cada quien qué tanto valoramos la generosidad, la honestidad, la verdad, el altruismo, la bondad, y hacer lo correcto.

Estas no son las únicas cosas que podemos hacer para fortalecer los comportamientos éticos y morales, pero definitivamente nos ayudaran a ayudarle a cada quien en seguir el camino correcto. Con certeza, nuestra juventud aprende de nosotros y aprenden de cada uno. Así es que hace sentido que aprendan los comportamientos éticos y morales que harán sus vidas más afortunadas, más alegres, y más productivas. Los ladrillos morales y éticos que mutuamente ayudamos a edificar, determinarán qué tan susceptibles somos a las presiones y tentaciones que nos rodean.

Desafortunadamente, estamos encerrados en una batalla moral constante con unos medios de comunicación muy arrogantes que continuamente nos están forzando comerciales seductores, programas absurdos de televisión, música obscena, comerciales sexualmente explícitos, abuso de alcohol, programas reales despreciables, y programas de conversaciones absurdas. No pido ninguna disculpa cuando digo esto. Además de estar enfocada en educar a nuestra juventud a que sigan sus estudios, estoy haciendo todo lo que mi tiempo y mis talentos me permiten hacer para poder mitigar las intenciones de los imperios de comunicación que tienen poca ética premiando el dinero y las posesiones materiales sobre la decencia y la moralidad. Creo que estoy peleando por las almas de nuestros niños. Gracias a Dios que no lo estoy haciendo sola.

Es mi experiencia que tanto los adultos como los jóvenes deben mover la moralidad y la ética de la teoría a la practica. Una de nuestras metas como maestros, entrenadores de deporte, líderes de niños y niñas que exploran, clérigos, directores de escuelas, y oradores es de ayudar a la juventud a hacer decisiones éticas y morales cuando no estamos ahí para verlos. Ellos tienen que poder encargarse de sus propios comportamientos e intenciones. Cuando los involucramos en discusiones sobre dilemas morales, tanto reales como ficticias, entonces van a aprender como comportarse en situaciones que ponen a prueba su carácter. El comportamiento moral y ético llegará a estar arraigado profundamente para que instintivamente puedan escoger lo que es correcto.

El autor y anteriormente un monje católico, Thomas Moore, indicó: "El nutrir el alma no significa indicarle a la gente cuál es el camino correcto para la claridad y el éxito. Se trata más de ayudarles a poner en orden los problemas comprometidos." El establece una propuesta excelente. Ha sido mi experiencia que cuando a los jóvenes se les alimenta la moralidad con reglas o lecciones rígidas, una de dos cosas sucede: aceptan las reglas o se rebelan en contra de ellas.

Aunque tengamos intenciones morales y entendemos lo correcto de lo incorrecto, nuestra claridad y nuestra obediencia hacia esos principios pueden comprometerse si no tenemos cuidado. Nuestro compromiso a nuestra moralidad depende en nuestras circunstancias y a veces esas circunstancias nos hacen que hagamos cosas que ordinariamente no haríamos. Ponte en cada una de los siguientes dilemas éticos. Llega a un acuerdo con cada una de las escenas en tu mente primero, luego

pregúntale por su opinión a un amigo, a tu mamá o a tu papá, a un maestro, a un entrenador, o a un clérigo:

La persona más popular de tu clase te pide que le escribas su reporte de la clase. El o ella te dice un tipo de explicación para justificar por qué no puede hacer la tarea y te dice cuanto admira tu habilidad para escribir. Siempre has querido estar cerca de esta persona y miras su súplica como una manera de poder llegar a estar en "su grupo". ¿Qué harías, y por qué lo harías?

Estás en una fiesta y tus amigos están tomando cerveza y tomando drogas. No te gusta el sabor de la cerveza y jamás has tomado drogas. Uno de tus amigos te incita a que tomes un trago, solo una probadita. Otro se te aproxima y te pregunta si alguna vez has tomado Ecstasy. Muchas de tus amistades te insisten a que pruebes las dos como una manera de "iniciación de tu edad" o para que te "asocies a la fiesta real." Todos parecen estar pasando muy buen tiempo y tu te sientes un poco desagradable por ser la unica persona que no está tomando alcohol ni droga. Tu amigo mas cercano prueba las dos cosas y te exige que tu hagas lo mismo. ¿Qué harías? ¿Por qué lo harías?

Como puedes ver, a veces nuestro compromiso a nuestra moralidad puede ser muy dificil. Muchas veces depende en la situación en la que nos encontramos, al menos que realmente hemos madurado en nuestro concepto moral y ético. Aquí están cinco preguntas que te puedes preguntar en cualquier tiempo que enfrentes un dilema moral. Te ayudará a decidir lo correcto de lo incorrecto:

1. ¿Lastimaré a alguien con lo que estoy a punto de hacer?

2. ¿Tendrá consecuencias negativas o destructivas lo que intento hacer?

3. ¿Es ilegal, inmoral o tiene poca ética lo que estoy a punto de hacer?

4. ¿Me daría pena o vergüenza decirle a alguien sobre ésto?

5. Si me encuentran haciendo lo que estoy a punto de hacer, ¿consideraría que lo que hice está correcto o incorrecto?

La primera pregunta esta basada en la Regla Dorada: *"Has en otros lo que ellos harían en ti"*. Te pregunta que tú mismo te preguntes, "¿Me gustaría si alguien me hiciera ésto?" La segunda pregunta nos pide que consideremos las consecuencias de nuestra decisión: las implicaciones pueden ser físicas, mentales, emocionales, financieras y espirituales. Es fácil ver por qué el abuso de drogas y el abuso alcohólico son dañinos por sus efectos de salud tan desastrosos. El sexo promiscuo puede tener sus efectos enfermizos también, así como adquirir las enfermedades transmitidas sexualmente (STD). El tener un bebé trae consigo un gran número de responsabilidades, que incluyen tener que vestir, dar albergue, alimentar, educar amar, proteger y proveer un cuidado de salud.

La tercera pregunta trata con obedecer las leyes y cumplir con las regulaciones morales y éticas establecidas por la sociedad en la cual vivimos. A veces significa tener reglas más estrictas que las que practica la sociedad. La cuarta pregunta trata con tu conciencia. ¿Pensarás favorablemente de ti mismo o perderás un poco de tu respeto a ti mismo, tu dignidad? ¿Harías lo correcto o venderías tu alma? La quinta pregunta trata con saber que intencionalmente violaste tus creencias éticas y tu moralidad, y haber sido descubierto y sufrir la humillación asociada con la desilusión de las personas importantes para ti, incluyéndote a ti mismo.

Yo creo que si aplicas estas cinco preguntas a cualquier dilema moral o ético, tu harás lo correcto. No existen fórmulas absolutas para el éxito moral, pero creo que estas preguntas te ayudarán. También creo que todos estamos alambrados para comportarnos moralmente y éticamente, porque Dios nos hizo. Si escuchamos esa "vocecita suavecita" que viene del Espíritu Santo, podemos ser personas morales y éticas.

Estimada Coronela Kickbusch,

Quiero decirle que su presentación fue increíble. De verdad que sí sabe hablar con una audiencia. Como me gustaría poder hacer eso. La parte que más me afectó, fue la parte de tratar a nuestras madres como merecen ser tratadas. Sería devastador para mí si algo le sucediera a mi mamá. Por su presentación, aprendí que debo de hablar con mi mamá todos los días y preguntarle cómo se siente, y de qué manera le puedo ayudar. Y no solamente a mi mamá sino a mi papá también. Ellos son los mejores padres de siempre. Su discurso ha sido el más maravilloso que he escuchado en mi corta vida. Espero que regrese algún día de nuevo y comparta más experiencias con nosotros. Verdaderamente, espero que regrese. Yo soy Hispano también y sé como se siente ser rechazado.

Muchas gracias por haber venido y vamos a estar esperando para verla de nuevo.

Sinceramente,
Mirna

Ejercicios de Reflexión

1. Una de las maneras sencillas de saber qué es lo correcto y lo incorrecto, es escoger una palabra o un grupo de palabras que describe lo que estás a punto de hacer. He compuesto un grupo de palabras para ayudarte a escoger bien. Las palabras a tu izquierda tienen buenos significados y las palabras a la derecha tienen malos significados. Si lo que estás a punto de hacer se puede describir usando las palabras a tu izquierda, entonces es probable que estás haciendo lo correcto. Si está caracterizado con las palabras a tu derecha, entonces es algo que probablemente no deberías hacer.

Palabras que caracterizan Acciones Correctas	Palabras que caracterizan Acciones Inmorales con Poca Etica y Destructivas
Contar con uno, responsable	Irresponsable, indigno de confianza
Agradecido, reconocido	Malagradecido, grosero
Benevolencia, caritativo	Egoísta, miserable
Atención, considerado, cortés	Inconsiderado, descuidado, descortés
Compasión, amoroso	Rudo, sin merced, odioso
Valiente, valeroso	Cobarde, temeroso
Determinado, comprometido, resuelto	Indecisivo, sin enfoque
Disciplinado, dedicado	Irresponsable
Entusiástico, energético, alentador	Enfadado, cansado, torpe
Fe, lealtad	Falso, infiel, traidor
Perdonar, merced	Vengativo, rencoroso, inhumano
Generoso, donador, bondadoso	Avaricia, tacaño, acumulador, rudo
Gentil, calmado	Cruel, opresivo
Honesto, digno de confianza, integridad	Tramposo, engañoso, mentiroso, corrupto
Honorable	Despicable, desgraciado
Lleno de esperanza, paciente	Impaciente
Humilde	Arrogante, presumido, vanidoso, egotístico
Feliz, alegre	Sombrío, infeliz, deprimente, desalentado
Aprender, educar	
Maduro, como adulto	Analfabeta, sin educación
Razonable	Inmaduro, ingenuo, desarrollo insuficiente
Patriótico, espíritu público	Prejuicio, irrazonable
Paz, pacifico, observante de la ley	Traidor, renegado, conspirador
Respetuoso, considerado	Violento, destructor, cáustico
Digno de confianza, seguro	Irrespetuoso, insolente, insultante
Comprensivo, clarividente, consciente	Dudoso, sospechoso
	Intolerante, prejudicial, dañoso

2. Piensa en una situación en la cual puedes aplicar las siguientes dos palabras: *Perdón* y *compasión*. Puede ser un problema que actualmente estás enfrentando, un problema anterior o algo que te preocupa para el futuro. Tú mismo mírate en tu mente, aproximando la situación del punto de vista del perdón y compasión. Cuando pienses que estés listo, demuéstrale a esa persona todo tu perdón y compasión. Una vez que te hayas comportado usando estas dos palabras, escoge dos más y sigue el mismo proceso: visualiza el resultado satisfactorio, ten fe que al hacer lo correcto traerá buenos resultados y toma acción.

Reflexiona en las diferencias de estas dos listas de palabras. Te ayudarán a dirigirte en la dirección correcta. Si piensas en tus acciones con tiempo y haces lo correcto desde un principio, dramáticamente vas a poder incrementar tus oportunidades de beneficiar de los resultados positivos.

3. El comportamiento ético está basado en la integridad personal y en la confianza. Es muy importante que mantengas tus comportamientos con consistencia. Comunícate claramente y honestamente, has promesas que son realistas, protege la confianza que te tienen otras personas y trata a otros con respeto. Toma tiempo poder construir este tipo de reputación; es un proceso que hace cada paso muy importante. El siguiente ejercicio te ayudará a pensar sobre tu ética y planear los siguientes pasos.

¿Te ven tu familia, amistades, maestros, y jefes como una persona con comportamientos éticos? Contesta las siguientes preguntas para determinar el nivel de ética:

❖ ¿Haces promesas realistas y las mantienes con consistencia?

❖ ¿Das respuestas honestas cuando te hacen preguntas o cuando te están retando?

❖ ¿Admítes tus errores?

❖ ¿Consideras importante la confianza y la confidencia de tu familia, amistades y maestros?

❖ ¿Haces un esfuerzo para comunicarte de una manera abierta, honesta y sincera?

❖ ¿Animas a otros a que cuestionen cosas en las que no están de acuerdo?

❖ ¿Sigues las reglas del hogar, la escuela o del trabajo como una guía para hacer decisiones éticas?

❖ ¿Concuerdan tus palabras con tus acciones?

❖ ¿Escuchas a otros y les das la oportunidad de hacer preguntas?

4. Las preguntas que acabas de contestar son un recordatorio de cómo se demuestra el comportamiento ético. Si contestaste que "si" entonces indica que puedes establecer y mantener relaciones de confianza y abiertas. Regresa a las preguntas y provee un ejemplo de cómo hiciste una decisión ética.

5. El hacer decisiones éticas se puede dividir en pasos que se puedan manejar mucho mejor. Marca cada paso que tomas cuando enfrentas un dilema ético:

❑ Me pregunto, "¿Cuál es el problema?"

❑ Pienso en la importancia de cualesquier consecuencia al corto plazo.

❑ Pienso en la importancia de cualesquier consecuencia a largo plazo.

❑ Considero si hay algo que me está evitando ver la situación completa.

❑ ¿Cómo le aconsejaría a otra persona si vienen con el mismo dilema?

❑ ¿Es peligrosa la situación o lastimaría a alguien?

❑ ¿Un año después, estaré orgullosa de mi misma por la decisión que tengo que hacer hoy?

❑ ¿Qué harían mis padres o mis maestros?

❑ ¿Estaría orgullosa si mi decisión se anunciara en el periódico, o se reportara durante mi programa de televisión favorito, o saliera en la radio?

❑ Si no sé que hacer, ¿Estoy dispuesta a pedirle ayuda a alguien que está en una posición de liderazgo?

❑ ¿Tiene que ver con algo ilegal el dilema?

6. ¿Quienes son algunas personas ejemplares que modelan un comportamiento ético? Usa la siguiente tabla para pensar sobre quienes son, y por qué los has escogido:

Ejemplo del Comportamiento Etico	Persona
Esta persona hace promesas realistas y las cumple	
Esta persona enfrenta retos con respuestas honestas	
Esta persona mantiene información confidencial y sensitiva sin divulgarla	
Esta persona admite cuando el o ella ha cometido un error	
Esta persona es honesta, sincera y abierta con su comunicación	
Esta persona no tiene temor de cuestionar cosas con las cuales no esta de acuerdo	
Esta persona sigue las reglas para hacer decisiones éticas.	
Esta persona hace lo que el o ella dice que va a hacer	
Esta persona escucha y le da a otros el tiempo de hacer preguntas	

3. Piensa en un dilema moral o ético que estas enfrentando. Repasa las cinco (5) preguntas en la página 180-181. Hazte las cinco preguntas antes de llegar a una decisión. Prométete que adoptarás esta estrategia cuando enfrentes cualquier dilema moral.

En casi toda situación que uno puede imaginarse, obviamente se va a tratar correctamente o incorrectamente.

La fe se convierte en una herramienta para poder tomar otros riesgos más, y estos riesgos generan más fe, lo cual genera la posibilidad de otros riesgos más.

(Julia Cameron)

Fe es la continuidad de razón.

(William James)

Bloqueas tus sueños cuando permites que tu temor crezca más grande que tu fe.

(Mary Manin Morrissey)

Capítulo 13
La Fe en
Resultados
Positivos

Con la fe, todas las cosas son posible.

Es mi oración ferviente de que millones de vidas jóvenes se transformen por medio del ejemplo positivo de adultos con influencia y responsabilidad, así como los padres, maestros, consejeros, y entrenadores que toman un

papel activo en ayudarle a la juventud de nuestra nación a que experimenten lo que significa sentir amor y aprecio. Mientras criamos a nuestros hijos, desde los pañales hasta el diploma, existe una responsabilidad principal que todos los adultos tenemos en común: el crecimiento moral y educacional de nuestros hijos.

Una dicha niña recibió la educación moral que necesitaba, y su fe y su testigo moral por siempre estará grabada en la memoria congregada de la gente en todo América y el mundo. Una horrible tragedia sucedió en Estados Unidos el día 20 de abril de 1999. Mencioné las matanzas y los disparos en la escuela preparatoria de Columbine en el Capítulo Once en donde les expliqué la importancia de escuchar nuestra intuición. Lo repito aquí del punto de vista de la fe y la valentía.

Doce maravillosos jóvenes y un maestro valiente perdieron sus vidas ese día. Una de esas estudiantes era una joven de diecisiete años de edad muy inteligente que se llamaba Rachel Scott. Ella, así como docenas de otros estudiantes, fue cuestionada y ridiculizada por su fe a punta de pistola. Sus atacantes, dos jóvenes enfurecidos y mal aconsejados, le exigieron que parara de orar. Ella calmadamente se rehusó. Ellos apuntaron sus pistolas y dispararon. Sus últimas palabras fueron una confirmación de la fe que vivió, y su muerte fue testimonio de su firme valentía mientras perdonaba a sus asesinos.

Ha habido otras tragedias en otras escuelas desde el trágico evento de Columbine. Desde el amanecer de la creación, ha habido tanto "bien" como "mal" en los corazones del hombre, la mujer, niños y niñas. Todos tenemos el contenido de semillas de bondad o granos de violencia. Es esta realidad que me inspiró a incluir este capítulo en este libro. Yo creo que la fe y la moralidad tienen que ser dos de los valores principales en nuestros hogares, escuelas, comunidades, comercios y la nación si en realidad queremos que América cumpla su promesa.

Así es que, ¿Qué nos mantiene juntos? ¿Qué nos previene de caernos al abismo?

La ecologista extraordinaria, Machaelle Wright Smith, tiene un campo llamado Perelandra pero otros lo nombran el Findhorn Americano porque el Findhorn es un jardín Escocés muy famoso en donde florece una variedad increíble de flora en tierra árida. Ella explica cómo trabaja la conexión de la moralidad y la ética y escribe en su libro lo siguiente:

Adecuadamente, no puedo expresar cómo con todo corazón recomiendo la búsqueda por...las fibras (morales y éticas)...en cada experiencia de la vida...Andando en busca de estas fibras, veo el propósito contenido dentro de eventos individuales y cómo cada evento está fabricado encima de los anteriores, creando un patrón de integridad. Puedo ver la luz de síntesis. El resultado ha sido que con más y más, ya no veo mi pasado con cólera ni con desilusión. Sino que veo hacia el frente con fe y celebración.

Su representación del "patrón con integridad" me recuerda a las fotos y rompecabezas ingeniosos que cuando las ve uno por primera vez, parece ser una foto de alguien, pero cuando uno la inspecciona más a fondo en realidad es una foto compuesta de cientos de fotos pequeñitas. Todas las fotos chiquitas hacen la foto en grande. Estoy segura que las has visto. De lejos, las fotos se "tejen entre ellas mismas" en un patrón entero e integro que no se puede ver de cerca.

Imagina estar viendo una foto en grande de ti mismo. En cuanto te le acercas, está compuesta de miles de fotos pequeñas de momentos significantes en tu vida. Desde que naciste, hasta ahora, cada experiencia de tu vida esta representada: cumpleaños, días festivos, días en la escuela, experiencias de trabajo, premios y reconocimientos, momentos de silencio, momentos de fiesta, tiempos en que las enfermedades te detuvieron, experiencias de noviazgo, etc. Hasta hay fotos que capturaron momentos cuando tu pensabas que nadie te estaba mirando. Todas esas fotografías se combinan para desarrollar la gran foto de quien eres tú ahora.

> *Estimada Sra. Kickbusch,*
>
> *Hoy usted habló con los estudiantes de South High, y fue muy conmovedor. Muchos estudiantes que pensarían de ellos mismos ser como víctimas, comenzaron a pensar de sus padres y cómo estaban recibiendo mucho más que lo que se merecían. Usted les dejó saber de los eventos que pueden suceder por sus decisiones y que tienen que escoger con mucho cuidado sin dejar que sus compañeros los presionen. Su manera de hablar también fue muy efectiva para alcanzar a los estudiantes. Usted usó ejemplos con los que se pudieron identificar y relacionar sin tener que preguntarles a otras personas. Le agradezco por su tiempo. Sé que ser Presidenta de su propia corporación requiere mucho de su tiempo, y agradezco de nuevo por haber venido.*
>
> *Sinceramente,*
> *Hipólito*

¿Cuántas de esas fotos son fotografías de un llamado? ¿Cuántas representan las veces que te conectaste con tu paz interna? ¿Cuáles demuestran tus cualidades abnegadas? ¿Hay algunas que demuestran que estás de rodillas en gratitud? ¿Tienes un texto religioso en tus manos en cualquiera de las fotos?

Las buenas noticias es que solo nos necesitamos concentrar en una foto a su tiempo. Cada foto – cada experiencia de la vida

– depende de nosotros. Podemos hacer de ese tiempo feliz o triste, un momento amoroso u odioso, un momento calmado o emocional, un momento lleno de drogas o uno lleno de valentía. ¡Depende de nosotros! Cada decisión, cada cosa que tenemos que escoger, cada rumbo que tomamos, pinta nuestra gran foto. Nuestro retrato puede estar obscurecido con engaños, furia, violencia y egoísmo o puede estar iluminado con bondad, auto-disciplina, honestidad, compasión, respeto, y fe.

   ¿Cómo podemos hacer nuestro retrato grande en uno que tenga integridad, fuerza, éxito, paz y felicidad? Sinceramente creo que el 99 por ciento viene de buenas selecciones y un por ciento (una semillita de mostaza) viene de la fe. Todos – padres, maestros, entrenadores, consejeros, administradores de la escuela, estudiantes – necesitan darse a cada uno tres cosas muy importantes cuando se trata de fortalecer nuestra persona: una fe que no se puede tumbar, un compás interno, y un ejemplo constante de un retrato integro.

Una fe que no se puede tumbar:

   En el libro de Yolanda Nava, *Todo está en los Frijoles*, la artista Amalia Mesa-Bains comparte su historia de sobrevivir una enfermedad pulmonaria fatal que era constante:

> *Me llegué a enfermar muy seriamente con una enfermedad la cual usualmente era fatal. Estoy segura que las oraciones de mi madre, y las oraciones de otros, junto con los cambios que hice en mi vida, cuenta mucho por el regreso a mi salud.*
>
> *Toda mi vida, he estado a prueba varias veces sobre el tema de la fe y mi religión. Ahora me doy cuenta que si es...la creencia en un alto poder lo que hace la diferencia. Muchas personas luchan por retos mucho más grandes que los míos. Estoy segura que su fe que no se puede tumbar, los hace fuertes, adaptables y capaces de vivir por situaciones difíciles.*

Luis Valdez, el director y fundador de *El Teatro Campesino* comparte una creencia similar de su fe firme:

Aprendí de mi madre que la fe no solo es una herramienta para una crisis, pero una manera diaria de vivir. Ella siempre le decía a la gente que tuviera cuidado de "los elementos negativos", así como las dudas, el odio propio y cualquier cosa que nos evita tener una fe firme.

Una de las mejores lecciones que aprendí de mi madre fue que solo una persona con un carácter fuerte te puede llevar a donde quieres ir en la vida. El camino que escoges no es importante, porque todos los caminos van hacia el futuro. Estas son dos lecciones claves que mi madre me enseñó, legados de su fe firme.

Necesitamos tener fe en nosotros mismos – de creer en nosotros mismos. Pero antes de creer en nosotros mismos, necesitamos tener fe que viene de afuera de nosotros – fe en un ser más alto. Para mí, mi paz interna viene de mi fe firme. En mis momentos más obscuros, sé que habrá respuestas. A veces se me proveen respuestas que no han sido claras hasta semanas, meses o hasta años después. Sin embargo, sé que las respuestas que se me han proveído no me han lastimado. Esas respuestas me han fortalecido y me han apoyado. Yo creo que si escucharas las respuestas, las recibirás – tal vez no en la manera que lo esperas, pero siempre se te enviaran de la manera que lo necesites.

Un compás interno:

Quiero que me ayudes con un pequeño experimento. Cierra los ojos y siéntate cómodo donde estés. Ahora con tus ojos bien cerrados, apunta hacia el *verdadero Norte*. Sigue apuntando hacia el *verdadero Norte* mientras abres los ojos. ¿Estas seguro

que estás apuntando hacia *el Norte*? ¿Cómo puedes estar seguro? Una de las mejores maneras de encontrar el *verdadero Norte* es por medio de un compás. Sería interesante ver qué tan cerca estabas cuando pensabas que estabas apuntando hacia el verdadero Norte si tuvieras el compás de cerca.

Yo use este ejemplo para demostrar un punto importante: Tu sabiduría interna es tu *verdadero Norte*. No importa que tan volteados estemos o que tan confundidos nos hemos hecho en medio de las presiones y preocupaciones de cada día. Si tomamos un poco de tiempo de centrarnos y encontrar nuestro *verdadero Norte*, nosotros vamos a poder salir de cualquier dificultad o circunstancia.

Nuestra orientación interna es nuestro compás interno. Usa nuestra conciencia e intuición hacia el *"verdadero norte"*. Si confiamos nuestros instintos internos en cualquier momento que tenemos que hacer decisiones importantes, creo que siempre tendremos las respuestas correctas.

Para poder alcanzar el éxito que quieres, tienes que encontrar personas apropiadas con buenos ejemplos y pasar tiempo con ellos si es posible. Ciertas personas nos exaltan moralmente, y otras personas parece ser que nos jalan hacia abajo. Ciertas personas nos dan fuerza y energía. Otras nos agotan la energía. Seleccionar las personas apropiadas y ejemplares es esencial para nuestro éxito. Yo creo parte de lo "correcto" es seleccionar a personas ejemplares que están bien fundadas con virtudes así como la honestidad, la compasión, la humildad, la auto-disciplina y la integridad. También deben tener una fuerte ética de trabajo y creatividad como sus valores principales.

Hay muchas personas ejemplares con estas cualidades, más de los que piensas, pero los tienes que buscar. Tú puedes identificar quienes son por medio de sus actitudes, acciones logros, y por medio de la "compañía" que tiene a su alrededor. Las personas ejemplares van a ser sencillamente eso, personas ejemplares. Ellos no se van a desviar de sus principios ni

comprometerán su integridad. Ellos van a cruzar tu "pantalla de radar" como personas auténticas y genuinas. Tu propio sentido del *verdadero Norte*, te orientará hacia ellos.

Encontrar a personas ejemplares que representan "el retrato grande e integro" puede parecer difícil hasta que recordemos que cada pasito, cada salto de la fe, viene una experiencia a la vez. Firmemente creo que si adoptas cada uno de los valores principales resumidos en este libro, tus saltos de fe van a estar fundados en principios sólidos. Yo he experimentado esto varias veces en mi propia vida y quiero que siempre recuerdes: con la fe, todo es posible – y al mismo tiempo todo funciona por el bien.

Ejercicios de Reflexión

1. Usa los recursos que están a tu disposición para definir "orientación interna."

2. Usa los recursos disponibles así como libros, adultos responsables, la biblioteca, etc. Para definir la palabra: "Fe."

3. ¿Cuáles son tus creencias religiosas?

4. ¿Describe tu nivel de fe?

5. ¿Recuerda los ejercicios del capítulo sobre Identidad? Nombraste algunas personas que admiras. Regresa a esa lista. ¿En qué creen esas personas que admiras? ¿Creen en algo o en alguien, creen en algo mas grande que orienta sus vidas? ¿Anota sus nombres aquí y describe su valentía y su fe?

PERSONA QUE ADMIRO	SU VALENTIA	SU FE

6. Imagina que hayan transcurrido 60 a 70 años después de ahora. Hay gente sentada en una cafetería hablando de ti, y cómo eras cuando eras joven. ¿Qué estarán diciendo de ti, de tu valentía, de tu fe?

7. ¿Bajo qué circunstancias se te dificulta encontrar el verdadero Norte? Describe tú dilema.

8. Si tú tuvieras una fe firme en tu habilidad de tomar decisiones éticas y morales, ¿qué harías?

Cántale, ríele, canturréale a tu alma vagabunda para que regrese.

Mantenemos estas verdades que sean evidentes por si mismas, que toda persona ha sido creada igual; son dotados por el Creador con ciertos derechos intraspasables, que entre ellos están la vida, la libertad y la búsqueda de la felicidad.

La Declaración de la Independencia

Tengo un sueño…los niños un día vivirán en una nación donde no serán juzgados por el color de su piel sino por el contenido de su carácter.

Dr. Martin Luther King, Jr.

Desde que este país fue fundado, cada generación de americanos ha sido convocada a dar testimonio a su lealtad nacional.

John F. Kennedy

Capítulo 14
Deber, Honor y Patria

El deber a nuestra patria es la moneda del patriotismo.

Si el amor a el país de uno mismo no es un valor principal, entonces no se qué es. Me gustaría pensar que en nuestros corazones colectivos como Ciudadanos Americanos, compartimos la convicción que cada ser humano tiene el derecho a "la vida, la libertad, y la búsqueda de la felicidad" – y que ningún simple humano tiene el derecho de quitarle a otro ser humano el regalo precioso que es la libertad.

La verdadera marca de una gran nación es la habilidad de aguantar y beneficiar de una ciudadanía ruidosa e independiente que tiene sus propias opiniones sobre la libertad, respon-

sabilidad, derechos y privilegios. Creo que una de las pruebas iridiscentes de América será la habilidad de educar a su juventud con bastante pasión, amor, capacidad, aptitud y criterio de entender que todos en esta maravillosa nación diversa cargan la responsabilidad fundamental para el éxito o fracaso de América.

Es con la responsabilidad en mente que decidí incluir un capítulo en deber, honor y patria. Es mi sincera esperanza que todos los jóvenes que lean este libro, y este capítulo en particular, valoren la riqueza de América y se esfuercen a agregar sus contribuciones únicas para que América pueda cumplir con su promesa de proveer vida, libertad, y felicidad para toda su gente.

También es mi gran deseo que todos los adultos que lean este libro, y este capítulo en particular, acepten responsabilidad de asegurarse que los ambientes educacionales, familiares, de trabajo y de la iglesia, nutren el crecimiento y el desarrollo de nuestra juventud y le da dignidad a los sacrificios de tantos veteranos de los servicios militares quienes han entregado sus vidas para América y por la libertad que representa América. Somos libres porque muchos de nuestros hijos e hijas han pagado el precio máximo por nuestra libertad, tanto en el interior de la nación como en el exterior.

Di mi servicio con la Fuerza Armada de Estados Unidos por 20 años con un gran orgullo. Ocho de diez de mis hermanos y hermanas, también hicieron su servicio con las fuerzas armadas. Cuando me jubilé como Teniente Coronela, me "alisté" en una carrera que se ha convertido en el trabajo de mi vida. Acepté el "recorrido del deber" para poder honrar los deseos de mi madre que estaba muriendo. Ella miró que mi siguiente mandato era más ministerial que militar. Tal vez puedes decir que soy una especie de reclutadora. Yo recluto a jóvenes alrededor de América a que sigan sus estudios, y que se mantengan enfocados en llegar a ser adultos felices, saludables, y prósperos.

> Estimada Coronela Kickbusch,
>
> Todos en la escuela Omaha South High, tanto el personal como los estudiantes queremos agradecerle por haber venido a hablar con nosotros. Me gustó mucho su discurso. Se enfocó en tener éxito, ser líder, respetarse uno mismo, y respetar a los demás. Usted es una persona y una mujer Latina muy exitosa. Esto la hace ver altamente respetada y estimada, y yo creo que su presentación lo demostró muchísimo. Toda su presentación fue muy conmovedora. Pero la parte de que todos somos americanos, sin importar raza, edad ni origen
>
> ...todos en los Estados Unidos son americanos. Yo creo que todos deben de apoyar y tener orgullo en serlo. Mucha gente no esta entrando a las fuerzas armadas y eso es triste. Todos debemos de proteger a los Estados Unidos de América y a su libertad.
> Sinceramente,
>
> Spencer

Me siento bienaventurada e impulsada a lograr esas responsabilidades. Siento un deber hacia la juventud alrededor de América que están batallando, están confusos, lastimados y enfurecidos. Siento una obligación penetrante de ayudar a los padres, maestros, y lideres de la comunidad a que les provean ambientes sociales saludables a los jóvenes, porque toma toda una comunidad para poder criar a un niño. También estoy destinada a cumplir con mi deber para mantener las normas principales de la ciudadanía y la lealtad que aprendí en la Armada y aplicar esas normas a mi vida civil y carrera

profesional para mejorar a América – por medio de un estudiante a la vez.

No hay mejor manera de presentarles un capítulo del deber, honor y patria mas que de compartir los pasajes de grandes Americanos y los escritos de gran documentos Americanos. Son algunos que creo que todo Americano debería de leer de vez en cuando. Yo los leo para poder reencender el espíritu Americano dentro de mí, y para dar honor a los americanos valientes del pasado, el presente y el futuro quienes han contribuido, y seguirán contribuyendo, hacia la grandeza de América.

Espero que leas los siguientes escritos patrióticos con interés y reverencia. Sus temas le hablarán al estudiante en ti, el consejero en ti, el padre en ti, el entrenador en ti, el administrador en ti, el clérigo en ti, el comerciante en ti. Le hablarán al joven en ti, al anciano en ti, al padre o madre soltera en ti, a la persona divorciada en ti, a la persona casada en ti, al desempleado en ti, al trabajador agotado en ti – al americano en ti.

La primera anotación es un escrito de una declaración inmortal. La Declaración de la Independencia permanece como uno de los documentos verdaderamente heroicos del registro histórico. En una barrida repentina, la humanidad saltó a un nivel de vida política totalmente nueva, y a un tipo nuevo de libertad. Lo que antes había sido solo un debate filosófico, se había hecho a una realidad política. Tal vez más que cualquier otro documento, la Declaración representa una vertiente en la historia humana, porque por primera vez en el registro histórico, nuestros fundadores trajeron consigo los conceptos de libertad, derecho e igualdad a la realidad legal, moral y emocional:

Declaración de la Independencia
(escrito)

Sostenemos como evidentes estas verdades: que todos los hombres son creados iguales; que son dotados por su Creador de ciertos derechos inalienables; que entre

estos están la vida, la libertad y la búsqueda de la felicidad; que para garantizar estos derechos se instituyen entre los hombres, los gobiernos, que derivan sus poderes legítimos del consentimiento de los gobernados; que cuando quiera que una forma de gobierno se haga destructora de estos principios, el pueblo tiene el derecho a reformarla o abolirla e instituir un nuevo gobierno que se funde en dichos principios, y a organizar sus poderes en la forma que a su juicio ofrecerá las mayores probabilidades de alcanzar su seguridad y felicidad. Apoyando esta declaración, con un firme resguardo en la protección de la Divina Providencia, mutuamente nos prometemos a cada uno, nuestras vidas, nuestras fortunas y nuestro honor sagrado.

El discurso famoso de Patrick Henry
"Dame Libertad"
marzo 1775
(escrito)

Es solo de esta manera que podemos tener la esperanza de llegar a la verdad, y lograr la gran responsabilidad que tenemos…nuestra patria…Si deseamos ser libres; si proponemos preservar intacto esos privilegios inestimables por los que tanto hemos estado contendiendo…¡tenemos que luchar!

Millones de personas armadas en la causa bendita de la libertad, y en dicho país como el que poseemos, son invencibles de cualquier fuerza que envíen nuestros enemigos en contra nuestra.

¿Es tan preciosa la vida, o tan dulce la paz, como para ser comprado al precio de cadenas y esclavitud? ¡Prohíbelo! ¡No sé que rumbo tomarán otros, pero para mí, dame la libertad, o dame la muerte!

Discurso de Lincoln en Gettysburg

Ningún americano que lee el Discurso de Gettysburg puede perder el mensaje de Lincoln – su énfasis era de continuidad, retos, sacrificio y devoción. Al reconocer la supremacía de lo que hicieron los soldados, el tocó la esencia del deber, el honor y la patria. El vio el resultado de la batalla, no como una victoria dorada, sino como una oportunidad, a un costo humano muy alto, para que los vivientes puedan resolver y hacer su parte de continuar en mantener vivo el experimento de un gobierno libre.

Para ustedes que quieren mantener vivo el experimento de un gobierno libre para sus hijos y sus nietos, y para los hijos y nietos de sus hijos y nietos, y para los que han dado sus vidas por la libertad, les pido que tomen el discurso de Abraham Lincoln en Gettysburg a pecho:

Hace 87 años, nuestros padres fundaron, en este continente, una nueva nación cuya base es la libertad y la proposición de que todas las personas son creadas iguales.

Ahora estamos envueltos en una gran guerra civil, probando si esta nación, o cualquier otra nación así fundada, puede ser duradera. Estamos reunidos en un gran campo de batalla de esa guerra. Hemos decidido dedicar una porción de este campo, como lugar de descanso final para aquellos que dieron aquí sus vidas para que esta nación pudiera sobrevivir. Es por tanto apropiado y correcto que lo hagamos.

Pero, por otra parte, no podemos dedicar, no podemos consagrar, no podemos santificar este terreno. Los valientes hombres, vivos y muertos, que pelearon aquí, ya lo consagraron, más allá de nuestras pobres facultades para añadir o quitar. El mundo notará poco, ni mucho tiempo recordará lo que decimos aquí, pero nunca podrá olvidar lo que ellos hicieron aquí. Somos nosotros los vivos los que debemos dedicarnos aquí a la obra inconclusa que aquellos que aquí pelearon

hicieron avanzar tan noblemente. Somos nosotros los que debemos dedicarnos a la gran tarea que tenemos ante nosotros: que tomemos de estos honorables muertos una mayor devoción a la causa por la que dieron su última cuota de devoción, que tomemos la noble resolución de que estos muertos no han de morir en vano, que esta nación, protegida por Dios, nacerá de nuevo en libertad, y que este gobierno, del pueblo, por el pueblo y para el pueblo, no perecerá jamás.

El discurso del Presidente Franklin Delano Roosevelt "Libertad Humana" (escrito)

En los días próximos en los cuales buscamos mantener con seguridad, anticipamos ver un mundo fundado sobre cuatro libertades humanas y esenciales:

La primera es la libertad de expresión y de palabra – en todo el mundo.

El segundo es la libertad de cada persona de reverenciar... en su propia manera en todo el mundo.

El tercero es la libertad de no necesitar.

El cuarto es la libertad de no temer.

La gran Nación perdurará, resucitará, y prosperará.

Déjenme afirmar mi creencia firme, lo único que debemos temer, es temernos a nosotros mismos. Un terror anónimo, sin razón, y sin justificación que paraliza un esfuerzo que se necesita para convertir un retiro a un avance. En cada hora obscura de nuestra vida nacional, un liderazgo de franqueza y de vigor se ha encontrado con ese entendimiento y con el apoyo de la misma gente que es esencial para la victoria.

Discurso del Presidente Woodrow Wilson
"Génesis de América"
(escrito)

Cuando veo hacia atrás al proceso de la historia y estudio el génesis de América, veo esto escrito en cada página: las naciones son renovadas desde abajo, no desde arriba; el genio quien resalta desde los rangos de la gente es el genio quien renueva la juventud y la energía de la gente. Todo lo que sé sobre la historia...ha confirmado...la convicción que la sabiduría real de la vida humana está compuesta de las experiencias de gente ordinaria.

Discurso de Inauguración de 1961
del Presidente John F. Kennedy
(escrito)

No nos atrevemos a olvidarnos hoy que somos los herederos de esa primera revolución. Que siga la palabra desde este momento y desde este lugar, hacia amigos y enemigos, que la antorcha se ha pasado a una nueva generación de americanos - nacidos en este centenario, modificados por guerras, disciplinados por una paz dura y agria, orgullosos de un legado antiguo – y dispuesto a ser testigo o permitir el deshecho lento de esos derechos humanos por los cuales esta Nación siempre ha estado comprometida.

Comencemos de nuevo – recordando que la civilidad no es una señal de debilidad, y la sinceridad siempre está sujeta a comprobarse. Nunca hay que negociar por temor. Pero nunca hay que temer a negociar.

Hay que explorar qué problemas nos une en lugar de

estar batallando con los problemas que nos divide.

En tus manos, mis conciudadanos, más que en las mías, descansarán los éxitos o las fallas finales de nuestro transcurso. Desde que este país fue fundado, cada generación de americanos ha sido llamado a dar su testimonio a la lealtad nacional.

Así es que, mis conciudadanos americanos, hay que no preguntar qué es lo que tu país puede hacer para ti, sino hay que preguntar qué es lo que tú puedes hacer por tu país.

Discurso del Dr. Martin Luther King, Jr. "Tengo un Sueño" (escrito)

Hace 100 años, un gran americano firmó la Proclamación de la Emancipación, donde nos encontramos hoy al lado de su sombra simbólica. Este decreto trascendental llegó como un gran faro iluminado de esperanza ante millones de nuestros pasados quienes habían sido quemados en las llamas de la injusticia agotada.

También hemos llegado a este lugar sagrado para recordarle a América de que hoy no es tiempo de comprometernos en el lujo de tomar las cosas con calma o de tomar la droga tranquilizante para proceder gradualmente. Hoy es tiempo de hacer realidad las promesas de la democracia...hoy es tiempo de hacer justicia real para todos....los niños...yo tengo un sueño que algún día mis cuatro hijitos vivirán en una nación en la cual no serán juzgados por su color, sino por el contenido de su carácter.

Yo tengo un sueño que algún día cada valle será exaltado, cada colina y cada montaña será más baja, los lugares duros serán planos, y los lugares torcidos serán enderezados, y la gloria del Señor será revelada.

Con esta fe podremos trabajar juntos, para orar juntos, para luchar juntos, para erguirnos por la libertad.

Con mi sincera esperanza espero que hayas tomado el tiempo de leer, y tal vez volver a leer, estos magníficos escritos de americanos extraordinarios. Mi meta era de crear un sentido de orgullo, reverencia y urgencia dentro de ti para renovar tu compromiso en hacer América un mejor hogar para todos nosotros. Únete conmigo a honrar a América y tu lugar dentro de ella para que nuestras voces no solo sean de una sola persona, sino de un coro.

Una dicha persona, Todd Beamer, valientemente se metió a la cabina del piloto del vuelo United #93 antes de que los terroristas usaran el avión como una bomba para matar a americanos. Su acción habla por todos nosotros en los momentos en que alguien amenaza nuestra vida, nuestra libertad y nuestro derecho. En honor a sus ultimas palabras, si alguna vez enfrentamos que nuestros derechos, nuestra individualidad, nuestra dignidad o nuestro auto-respeto ha sido amenazado, entonces "vamos adelante" al tono de nuestro himno nacional y la sabiduría de la regla dorada.

Ejercicios de Reflexión

1. Busca una copia de El Libro de Gran Documentos Americanos *(The Book of Great American Documents)* en la biblioteca local o en la biblioteca de tu escuela, y lee los siguientes documentos en su totalidad. Te van a revolver el alma:

   ❖ La Declaración de la Independencia, 1776

   ❖ El Escrito de Los Derechos (The Bill of Rights), 1791

   ❖ La Proclamación de la Emancipación, 1863

   ❖ El Discurso de Gettysburg, 1863

   ❖ El Discurso de Inauguración de Kennedy, 1961

   También busca una copia del discurso inspirante del Dr. Martin Luther King, "Tengo un Sueño". Repasa estos documentos periódicamente que tratan con "deber, honor y patria". Te darán una apreciación mas profunda de lo que significa América y por qué todos debemos ser mejores ciudadanos, sin importar qué tanto tiempo tenemos de ser ciudadanos.

2. Aquí esta una lista de actividades que tienen que ver con "deber, honor, y patria" y qué caracteriza a la gente que ama y valora lo que América representa. Marca todas las actividades que has logrado y que demuestran tu lealtad al espíritu Americano:

   ❏ He leído cada uno de los documentos Americanos del primer ejercicio en su totalidad.

   ❏ Apoyo a los veteranos de guerra de varias maneras.

   ❏ Voto responsablemente en las elecciones políticas.

   ❏ Hago trabajo voluntario en la comunidad.

❏ No tiro basura en nuestro ambiente (carreteras, parques, calles, vías de agua, etc.)

❏ Sé las palabras del himno nacional *"The Star Spangled Banner"* y *"América."*

❏ Yo voy a los festivales del 4 de julio y al desfile del día de veteranos y festivales.

❏ He visitado los monumentos de la Guerra de Vietnam, la Guerra de Korea y las Enfermeras de Guerra en Washington D.C.

❏ Exhibo la Bandera Americana el día de la bandera, junio 14.

❏ Visito sitios históricos y campos de batalla cuando puedo para tener un sentido sobre los sacrificios que otros hicieron por nuestra libertad.

❏ Les escribo a los líderes congresistas y brindo mi voz para opinar en cuestiones importantes de Estados Unidos.

❏ Cuando puedo, me involucro en contra de las drogas, el alcohol, el manejar bajo la influencia del alcohol, la violencia en las escuelas, embarazos de adolescentes, la corrupción de oficiales gubernamentales, maltrato de los niños y violencia doméstica.

3. En el siguiente espacio, explica lo que puedes hacer hoy mismo para ser un ejemplo brillante de alguien que toma en serio, "el deber, el honor y la patria."

Escucha la voz consciente del deber.

Tus Pensamientos y Tus Comentarios

He incluido esta página para que reflejes lo que has leído y para que me ofrezcas tus pensamientos, tus sugerencias y tus quejas – en breve, cualquier cosa que quieras que sepa sobre este libro y de qué manera lo percibiste y recibiste esta información, o mándame un correo electrónico para discutir el material que has leído. Mi información para que te puedas comunicar conmigo se encuentra en la parte de abajo:

www.latinaspeaker.com

Si te gustaría que Consuelo viniera a tu escuela, habla con tus consejeros y administradores y averigua si algo se puede organizar. Ellos se pueden comunicar con nosotros al teléfono de línea gratuita al (888) 354-4747

Información sobre servicios pueden ser adquiridos escribiéndole a admin@latinaspeaker.com
Información sobre venta de productos: admin@latinaspeaker.com
Servicio de traducción de este libro: Bilingual Consulting Services, rfloresnv@yahoo.com

Declaración Para Ti Mismo

Muchas veces es más fácil prometerle a otra persona lo que uno cree que puedes entregar antes de hacerse la promesa uno mismo. He incluido esta "Declaración para Ti Mismo" para que tu mismo te hagas la promesa de que vas a tomar acción usando algunos de los materiales que se encuentran en este libro.

Escribe en el siguiente espacio las acciones que te declaras a ti mismo y que cumplirás. Asegúrate que firmes el documento, así tendrás un documento legal para ti mismo.

Después de haber leído "La Jornada Hacia el Futuro", yo declaro que tomaré las siguientes acciones para crear mi mapa hacia el éxito.

_____

Firma y fecha

Bibliografía

American History Research Assoc., *The Book of Great American Documents*, Crawfordsville, Ind.: RR Donnelley & Sons, 1993.

Blaisdell, Etta Austin & Mary Frances Blaisdell, "Little Sunshine," as quoted in *Umpteen Amazing Quotes*, Raleigh, NC: Liberty Publishing Group, 2003.

Breathnach, Sarah Ban, *Simple Abundance: A Daybook of Comfort and Joy*, New York: Warner Books, 1995.

Coyote Chuck Jones as quoted in *The Creative Spirit* by Daniel Goldman, Paul Kaufman and Michael Ray, New York: Dutten Books, 1992.

Dyer, Wayne, *Wisdom of the Ages*, New York: Harper Collins, 1998.

Haney, William, *Communication and Interpersonal Relations*, Homewood, ILL.: Richard Irwin, 1979.

Kopp, Sheldon, *Rock, Paper, Scissors*, CompCare Publishers, Minneapolis, Minn., 1985.

Loomis, Earl, "The Self in Pilgrimage," as quoted in *Umpteen Amazing Quotes*, Raleigh, NC: Liberty Publishing Group, 2003.

McGraw, Jay, *Daily Life Strategies for Teens*, New York: Simon and Schuster, March 19, 2002.

Nava, Yoland, *It's all in the Frijoles*, New York: Fireside, 2000.

Nearing, Helen, *Loving and Leaving the Good Life*, South Burlington, VT: Chelsea Green, 2003.

Quinn, Anthony, *One Man Tango*, New York: HarperCollins Publishers, 1995.

Smith, Machaelle Wright, *Behaving As If the God in All Life Matters*, Warrenton, VA: Perelandra, Ltm., 1987.

Sonya Lopes as quoted in Kouzes, James and Barry Posner, *Encouraging the Heart*, San Francisco, CA: Jossey-Bass, 1999.

Teresa, Mother, *Mother Teresa*: In My Own Words, compiled by José Luis Gonzales – Balado, New York: Random House, 1996.

Underhill, Daryl Ott, *Every Woman Has a Story*, New York: Warner Books, 1999.

Williams, Terrie, Stay Strong: *Simple Life Lessons for Teens*, New York: Scholastic Inc. 2001.

Sobre la Autora

Consuelo Castillo Kickbusch nació y creció en un pequeño barrio de Laredo, Texas en donde venció retos feroces de pobreza, discriminación y analfabetismo y llegó a ser un exitoso modelo de liderazgo para su comunidad. Rompiendo barreras y estableciendo récord en la fuerza militar, ella ascendió a la posición de Teniente Coronel llegando a ser la mujer hispana con el rango más alto en el *Apoyo del Campo de Batalla de la Fuerza Armada de Estados Unidos. Reconocida* como una oradora con carisma, pasión y el don de entretener a sus audiencias, Consuelo lleva consigo el mensaje poderoso de qué es lo que se necesita para ser un líder efectivo en el mundo mercantil al nivel global. Ella se ha presentado ante cientos de colegios y universidades, corporaciones e instituciones gubernamentales, tanto en Estados Unidos como en otros países.

Su intensa dedicación de salvar a la juventud de América, especialmente los que viven en los barrios similares al barrio en el cual ella creció de niña, ha llevado a Consuelo a algunas de las vecindades más peligrosas en donde ha trabajado con más de un millón de niños, padres, y educadores alcanzando 43 estados de la nación. Ella inspira a estos "diamantes ásperos" a que crean que pueden hacer sus sueños realidad, y los anima a que nunca pierdan la esperanza, sino de tomar la responsabilidad de hacer una diferencia real dentro de sus familias y sus comunidades y de seguir con disciplina un mapa hacia el éxito.

La revista del comercio hispano, *Hispanic Business Magazine*, mencionó a la ya jubilada Teniente Coronela de la Fuerza Armada de Estados Unidos, Consuelo Kickbusch, como una de los 100 Hispanos con más Influencia en América.